RENUEVA TU MENTE

Y TODO LO QUE HAGAS TE SALDRÁ BIEN

BERNARDO STAMATEAS

WHITAKER HOUSE
Español

A menos que se indique lo contrario, las citas de la Escritura son tomadas de la Santa Biblia versión Reina-Valera 1960® © Sociedades Bíblicas en América Latina, 1960. Renovado © Sociedades Bíblicas Unidas, 1988. Utilizado con permiso. Reina-Valera 1960® es una marca registrada de Sociedades Bíblicas Unidas, y se puede usar solamente bajo licencia.

Renueva tu mente
Y todo lo que hagas te saldrá bien

Bernardo Stamateas

Edición: Henry Tejada Portales

ISBN: 979-8-88769-114-5
eBook ISBN: 979-8-88769-115-2
Impreso en Estados Unidos de América

Whitaker House
1030 Hunt Valley Circle
New Kensington, PA 15068
www.espanolwh.com

Por favor, envíe sugerencias sobre este libro a: comentarios@whitakerhouse.com.

3 4 5 6 7 8 9 10 11 31 30 29 28 27 26 25

ÍNDICE

Introducción 7

Capítulo 1:
Todo pasa en el monte 9

Capítulo 2:
La guía interior 29

Capítulo 3:
Disfrutar de Él 43

Capítulo 4:
Hombres de oro 59

Capítulo 5:
Ser renovados 71

Capítulo 6:
Transformados de adentro hacia afuera 87

Capítulo 7:
Cómo vivir la renovación diaria.. 95

Capítulo 8:
Renovados por la luz.. 103

Capítulo 9:
Naturaleza que viene desde lo alto 113

Capítulo 10:
Fin de la peculiaridad 131

Acerca del autor 143

INTRODUCCIÓN

Jesucristo fue enfático en decirnos que amemos al Señor con todo el corazón, con toda el alma y con toda nuestra mente. Pero ¿cómo podríamos amar con toda nuestra mente si ella no entra en un proceso de renovación absoluta? Urge una transformación donde nuestros paradigmas espirituales cambien, nuestras fortalezas mentales sean derribadas, y donde nuestro enfoque sea Cristo y solamente Cristo.

Teniendo a la Epístola a los Gálatas como cimiento, abordaremos un proceso que nos permitirá ser transformados desde adentro hacia afuera, para llegar a una relación con el Creador sin distracciones, y apuntando siempre al centro de nuestra diana espiritual: Jesucristo. Ese es el objetivo del apóstol Pablo en esta desafiante carta donde nos explica que la prioridad de Dios es revelarnos al Hijo, vivir según el Hijo y que el Hijo crezca en nuestro interior, de manera que lo conozcamos más, ¡pero no como un conocimiento intelectual de Él, sino como la mejor de las experiencias de vida!

La batalla principal en esta ruta hacia Cristo es la distracción, los desvíos, porque encontraremos numerosas trampas en el camino. Eso le ocurrió a los habitantes de Galacia, es por eso que Pablo los exhorta para que regresen a Cristo. "Se distrajeron, se cayeron de la gracia, ahora tienen que volver a Cristo", dijo el apóstol. Es importante señalar que cada carta de Pablo se escribió debido a que la gente se había desviado. En Colosenses, por ejemplo, Pablo señala la filosofía del mundo como el elemento distractor, y por eso tuvo que instarlos a regresar.

No obstante es de vital importancia señalar que Dios tiene un diseño para cada uno de nosotros. Este se inicia, por supuesto, en Génesis, y este articulado y colosal diseño encuentra su consumación en Apocalipsis. En ese diseño divino, el Todopoderoso crea al ser humano para que sea un vaso que reciba su esencia, y de esta manera viva y disfrute del amor y la gracia divina.

Este es el gran objetivo: Dios desea renovar tu mente, convertirte en un vaso y vaciar su sustancia, de manera que la podamos compartir e impartir a otros.

CAPÍTULO 1

TODO PASA EN EL MONTE

EL CORAZÓN DE LA EPÍSTOLA

En este libro, nos sumergiremos en el propósito de renovar nuestra mente: la *Epístola a los Gálatas*. Gálatas es una carta escrita por el apóstol Pablo a las iglesias en la provincia de Galacia: Antioquía de Pisidia, Iconio, Listra y Derbe. Estas iglesias fueron establecidas por él durante uno de sus viajes misioneros. En esta epístola, Pablo aborda diversos temas y enseñanzas que nos llevan a otro nivel. El enfoque del libro es Cristo. La carga principal consiste en mantener la atención en Cristo sin distraernos. A lo largo de los diferentes capítulos, el apóstol expone lo que significa "distraerse" de Cristo y lo que significa vivir enfocados en Él.

Profundicemos lo que significan estos tres pasajes de la epístola:

Gálatas 1:16: "REVELAR a su Hijo en mí".

Gálatas 2:20: "VIVE Cristo en mí".

Gálatas 4:19: "Él sea FORMADO en mí".

En el capítulo 1, Pablo menciona que Dios lo separó desde el vientre de su madre con el propósito de revelarle al Hijo. Dios quiere revelarte a Cristo.

En el capítulo 2, el apóstol avanza aún más y afirma que Dios no solo quiere revelarle al Hijo, sino que también quiere que él viva a Cristo. Revelar y vivir a Cristo son aspectos clave.

En el capítulo 4, Pablo expresa que mientras va viviendo la vida de Cristo, el Hijo va siendo formado en él.

Estos versículos resumen el corazón de la Epístola a los *Gálatas*, donde Dios desea enseñarnos a Cristo para que vivamos en Él y para que Cristo crezca en nuestra vida. El Señor nos guiará en este estudio y nos llevará a profundizar en verdades poderosas.

EL ORDEN CREACIONAL

Según el relato bíblico de la creación, Dios creó primero la vegetación, la naturaleza vegetal, y luego la naturaleza animal, cada una con sus leyes específicas. Cada naturaleza o vida tiene sus propias leyes, que surgen automáticamente. Por ejemplo, el perro ladra y el pájaro vuela sin necesidad de ser enseñados, debido a su naturaleza. Estas leyes son inherentes y automáticas. Posteriormente, Dios creó una vida aún más elevada: la naturaleza humana. En dicha naturaleza también hay leyes que la rigen; estas son automáticas y están presentes en todos nosotros. Por ejemplo, un bebé reacciona de forma natural a los sabores agrios o dulces debido a sus papilas gustativas. Nadie le enseñó a reaccionar de ese modo, está en su naturaleza.

Ahora bien, existe una naturaleza que es superior a todas las anteriores: la naturaleza de Dios. El Señor creó la naturaleza humana con sus propias leyes, pero también le sopló su imagen. Estamos hechos a imagen de Dios. Es decir, en su bondad, Él puso bondad en nosotros; en su amor, Él puso amor en nosotros.

¿Te preguntaste alguna vez por qué nos atrae tanto la justicia? ¿Por qué nos enoja la injusticia? ¿Cuál es el origen de dichas emociones? ¿Acaso lo aprendimos? La respuesta es no, está en nuestra naturaleza, porque en su justicia, Dios puso justicia en nosotros.

¿Por qué amamos a los niños o a los animales? ¿De dónde obtuvimos la creatividad, la capacidad de pensar, de razonar? Todo está en nuestra naturaleza, porque es la imagen de Dios, sus virtudes, todo lo que Él puso en nosotros, en la vida humana.

EN SU JUSTICIA,
DIOS PUSO JUSTICIA EN NOSOTROS.

Los seres humanos tenemos una vida humana con una imagen de Dios. La imagen de Dios son las virtudes humanas (el amor, la bondad, la justicia, la creatividad, la empatía, etc.), porque el Señor puso una ley en nuestra mente: la ley del bien. ¿Para qué nos dio esas virtudes a imagen de Él? Para que seamos gente de bien. Y no solo eso, la Palabra afirma que Adán y Eva estaban vestidos de gloria. Todo lo que los rodeaba era gloria, por eso estaban desnudos y no se avergonzaban. El hombre tenía una vida humana, tenía la imagen de Dios y estaba vestido de gloria. Y, como si todo esto fuera poco, Dios también les regaló la tierra. "Aquí tienen la tierra, domínenla, es de ustedes, se las regalo", les dijo, y les dio el Edén.

Todo estaba muy bien, pero faltaba algo: que el hombre introdujera una vida superior, la vida de Dios dentro de la vida humana, para que, en su naturaleza humana, también viviera una vida de otro nivel: la vida eterna de Dios. Así fue como el Señor les dio el árbol de la vida, que representa a Cristo, y les dijo a Adán y a Eva que, si comían de este, recibirían su vida, la vida de Cristo, dentro de ellos. Esto iba más allá de la gloria exterior, de las virtudes, de la tierra y de las capacidades que Dios les había dado. Les ofreció la posibilidad de vivir una vida divina, la vida de Dios que es eterna, perfecta, maravillosa, gloriosa y extraordinaria. Sin embargo, el Señor también les advirtió acerca del árbol del bien y del mal, diciéndoles que el día en que comieran de este, morirían. Dicho árbol traía consigo la muerte, y su naturaleza estaba enraizada en el mal, en la influencia de Satanás. Como bien sabemos, la naturaleza del diablo es matar, robar y destruir.

Adán y Eva tenían la libertad de elegir si iban a comer del árbol de la vida divina y eterna, o si iban a decidir introducir otra naturaleza de muerte dentro de ellos. Tristemente, sabemos cómo termina la historia, ya que Adán y Eva decidieron comer del árbol del bien y del mal. Al hacerlo, introdujeron la naturaleza de muerte y corrupción en la naturaleza humana.

Adán y Eva se llenaron de veneno de muerte y, como resultado, el mundo entero colapsó. A partir de entonces, y hasta que Cristo venga, el cuerpo humano empezó a envejecer, a enfermarse y a morir. También surgieron los homicidios, porque todo lo bueno de Dios, como la bondad, el amor y la paciencia, también se vio corrompido, envenenado.

Ahora el amor del hombre se basa en su propio beneficio: te amo si me haces feliz; sino te rechazo. La justicia del hombre también se vuelve selectiva: soy justo cuando me conviene, pero en otros momentos, actúo de manera injusta. Todas las virtudes se vieron afectadas por este veneno, y el cuerpo humano se corrompió. El hombre se volvió "carnal". Ser carnal significa que el cuerpo, el alma y el espíritu están sujetos a la corrupción, la tristeza, la enfermedad, la muerte y el engaño, porque toda la vida humana está colapsada.

Dios había creado a Adán y a Eva con vida humana, y les había dado la ley del bien (las virtudes de Dios) en sus mentes. Sin embargo, al comer del árbol, ellos introdujeron otra ley, la ley del mal, que se convirtió en parte constitutiva de la vida humana hasta el día de hoy. Ahora, la vida lleva consigo un bien caído y defectuoso, donde la justicia es limitada y la empatía se muestra solo cuando conviene. Además, esta ley del mal se estableció en nuestros miembros, en nuestros cuerpos, y se convirtió en la naturaleza humana que subsiste hasta hoy.

Resumiendo, la naturaleza humana posee dos leyes: la ley del bien y la ley del mal. ¿Es el hombre bueno? Sí, porque tiene la ley del bien. ¿Es el hombre malo? Sí, porque tiene la ley del mal. ¿Es el hombre solo malo? No. ¿Es el hombre solo bueno? Tampoco. ¿Qué es entonces? Es humano. Hay actos de bondad que provienen de la caída ley del bien, de la herencia de virtudes dejadas por Dios, aunque están afectadas y limitadas. Pero también está presente la ley del mal, y ahora ambas leyes coexisten.

EL HOMBRE SUJETO A LEYES

Comencemos por definir de qué se trata la ley del bien y del mal. Esta ley se activa automáticamente. Por ejemplo, cuando vemos un perrito abandonado, automáticamente sentimos el impulso de cuidarlo. Si alguien se cae, espontáneamente queremos ayudar. Pero también nacen en nosotros deseos maliciosos, y pensamos: "¡Ojalá se muera!". Nadie escapa a la naturaleza humana. Todos tenemos las mismas leyes: la ley del bien y la ley del mal. Ya sea que se trate de una persona admirada, rica, famosa, conocida o no, con múltiples títulos académicos o alguien sin educación formal, todos estamos sujetos tanto a la ley del bien como a la ley del mal.

Entonces, frente a estas situaciones, ¿qué hace el hombre? Busca desarrollar el bien. Por ejemplo, inventamos la educación y la justicia para aumentar la ley del bien y disminuir la ley del mal, para que los que delinquen sean castigados y los que no, estén protegidos; para establecer, en definitiva, normas sobre lo que está bien y lo que está mal, aunque estas ideas cambien con el tiempo. Tanto la educación, la cultura, la justicia y la religión están todas destinadas a regular y aumentar la ley del bien, y a hacer disminuir la ley del mal en la medida de lo posible. Sin embargo, la ley del mal siempre estará presente en nosotros hasta el último día, porque, como dice un dicho conocido: "Por más que la mona se vista de seda, mona se queda".

Esto no significa que algunas personas pueden tener más ley del bien que del mal o viceversa. Sin embargo, para Dios tanto aquellos que tienen el bien en mayor medida, como aquellos que tienen el mal en mayor medida, son iguales. Esto se debe a que todos somos portadores de la naturaleza humana, que incluye la muerte y una naturaleza corrupta asociada con el mal. Esta es la razón por la que el hombre empezó a manejar su propia conducta. Dijo: "Tengo la ley del bien y la ley del mal en mis miembros, pero voy a ser una buena persona e intentaré conducirme bien y no hacer nada malo". Así es que algunos afirman: "Yo no soy como todo el mundo, soy bastante bueno, busco a Dios, ofrendo, soy religioso".

A pesar de estas "buenas" acciones e intenciones, Mateo 5 narra que un día Jesús confrontó a estas personas y les hizo ver que, aunque pudieran pensar que no habían cometido ciertos pecados, en realidad todos pecamos de alguna manera. Les recordó que no solo el acto en sí como el adulterio o el asesinato es pecaminoso, sino también los pensamientos y deseos impuros en nuestros corazones. Con estas palabras, Jesús les estaba mostrando que a pesar de cualquier apariencia de bondad, la naturaleza humana sigue estando afectada por el pecado, la muerte y la corrupción.

Ninguno de nosotros es capaz de calificar por nuestras propias obras, ya que todos hemos pecado de alguna forma. Lo que Jesús les estaba diciendo era: "La naturaleza humana, aunque tenga acciones buenas, sigue siendo caída, sigue teniendo muerte y corrupción". Tratar de manejar el bien y el mal dentro de nuestra propia naturaleza no es suficiente. Podemos buscar consejos, intentar mejorar, formar buenas familias, desarrollar lo positivo y hacer que lo malo decrezca, pero a estos esfuerzos los hacemos con nuestra propia naturaleza. Por ende, no sirven.

LA LEY DEL BIEN Y LA LEY DEL MAL VS. LA NATURALEZA DEL CREADOR

La naturaleza humana tiene dos leyes: la ley del bien y la ley del mal, y entre ellas reside nuestra lucha. Todos queremos mejorar, estar sanos, tener dinero, salud, amor, paz y trabajo. Nadie quiere estar enfermo, sentir dolor, tener problemas. El apóstol Pablo, analizando esta situación bajo la luz del Espíritu Santo, expresó: "Tengo una lucha; es una lucha conmigo mismo, con mi naturaleza humana", y describió esa lucha, la cual es la misma que todos tenemos:

> *Y yo sé que en mí, esto es, en mi carne, no mora el bien; porque el querer el bien está en mí, pero no el hacerlo. Porque no hago el bien que quiero, sino el mal que no quiero, eso hago. Y si hago lo que no quiero, ya no lo hago yo, sino el pecado que mora en mí.* Romanos 7:18-20

En nuestra naturaleza no mora el bien, queremos hacer el bien, pero ¡cómo cuesta! ¡No podemos! Entonces, no hacemos el bien que queremos, sino el mal que no queremos. Y si hacemos lo que no queremos es debido a nuestra naturaleza caída, muerta, que vive en nuestra vida. Pablo dice: "Quiero crecer, quiero que me vaya bien, quiero avanzar, quiero prosperar; pero, al mismo tiempo, soy mi peor enemigo, pues encuentro que me sale el mal: la ira, la tristeza, la mentira, la envidia. ¡Quiero hacer el bien, pero me sale el mal!". Veamos cómo continúa el pasaje:

Romanos 7:21: *Así que, queriendo yo hacer el bien, hallo esta ley: que el mal está en mí.*

Romanos 7:23: *Pero veo otra ley en mis miembros, que se rebela contra la ley de mi mente, y que me lleva cautivo a la ley del pecado que está en mis miembros.*

Romanos 7:24: *¡Miserable de mí! ¿quién me librará de este cuerpo de muerte?*

En nuestra mente hay una ley que quiere hacer el bien, pero también hay una ley en nuestro cuerpo que quiere hacer el mal y, como toda ley, se activa automáticamente. Es por eso que Pablo concluye: *¡Miserable de mí! ¿quién me librará de este cuerpo de muerte?* Esta lucha que describe Pablo es la misma que todos tenemos. Queremos mejorar, avanzar, pero nos cuesta; entonces nos deprimimos, nos boicoteamos. Estamos bien, pero de pronto, estamos mal. Esa es la lucha. Sin embargo, cuando recibimos a Jesús como Salvador, su esencia entra en nosotros, y ahora tenemos dos naturalezas: la naturaleza humana, con las leyes del bien y del mal, y la naturaleza divina, que es perfecta, maravillosa. Jesucristo es una persona que vive en nosotros y que nos ha hecho una nueva criatura en Él. Ahora, la vida divina está en nuestro espíritu y tenemos su naturaleza, sus leyes, su capacidad, su carácter, su poder, su vida, su eternidad.

Al recibir a Cristo, entra en ti una persona: el Hijo de Dios que tiene una naturaleza que no muere, que no engaña, que no es corrupta, que es santa, poderosa, maravillosa, gloriosa, que está llena de virtudes, que tiene sabiduría, capacidad, poder, fuerza. Y Él, el Rey de gloria, ¡vive en tu interior! Su vida es eterna; Él no se cansa, no miente, no engaña, no abandona, y su carácter es amor, gozo, paz, paciencia, benignidad, bondad, fe, mansedumbre y dominio propio.

CUANDO RECIBIMOS A JESÚS COMO SALVADOR, SU ESENCIA ENTRA EN NOSOTROS.

Lo importante es saber que, al igual que la ley del bien y la ley del mal, la ley de Cristo, la naturaleza que proviene del Señor, también sale de manera automática.

Ahora bien, en Romanos 7 Pablo plantea la lucha, y la respuesta se le revela en Gálatas 5. El apóstol dice: "Voy a cambiar de lucha. Ya no lucharé entre aumentar el bien y bajar el mal, pues eso me hace miserable". Y escribe lo siguiente:

> *Digo, pues: Andad en el Espíritu, y no satisfagáis los deseos de la carne. Porque el deseo de la carne es contra el Espíritu, y el del Espíritu es contra la carne; y estos se oponen entre sí, para que no hagáis lo que quisiereis.* Gálatas 5:16-17

Si andamos en Cristo, la naturaleza humana (los deseos de la carne) serán vencidos. Esta es la razón por la que Pablo afirma: "Ya no voy a luchar por mejorarme, por controlarme, por portarme bien. Ahora mi lucha es: vivo en Cristo o vivo en la carne. O vivo a Cristo y dejo que Él viva en mí —de manera que la carne sea vencida—, o sigo con mi vieja lucha. De acuerdo a lo que elijas, toda tu vida va a cambiar. Dejarás de mirar la deuda, el problema, la enfermedad, y comenzarás a disfrutar, a buscar, a vivir, a alabar a Cristo. Porque, si andas en Él, los deseos de la carne desaparecerán y ya no lucharás por mejorarte, sino que tu lucha será elegir si vives a Cristo o no.

PARTE PRÁCTICA

Supongamos que tienes una deuda. ¿Qué es lo primero que haces? Piensas: "¿Qué hago? ¿De dónde consigo el dinero para saldarla? ¿Pido un préstamo?". En definitiva, comienzas a luchar mentalmente. Si la respuesta no aparece pronto, recurres a un amigo y le consultas qué haría él. Es decir, un humano caído ayuda a otro humano caído. Tú tienes un problema con una situación financiera y tu amigo tiene un problema con su pareja, por ejemplo. Sin embargo, como son amigos, él te dirá lo que haría con la deuda y tú lo que le dirías a su pareja: una carne aconsejando a otra carne.

Ahora bien, si esta es la forma en la que eliges resolver una situación, toda la vida estarás luchando entre el bien y el mal, el mal y el bien. Entonces, puedes enfocarte en Cristo o en el problema, hoy la deuda, y mañana el trabajo o cualquier otra cuestión.

Si a pesar de la deuda disfrutas a Cristo, lo buscas, lo invocas y lo vives, los deseos de la carne serán vencidos. Es entonces cuando dejas de preguntarte cómo hacer para estar mejor (Romanos 7) para empezar a vivir en Cristo. La frase "andar en el Espíritu" que menciona Gálatas 5 quiere decir "andar todo el día", es decir, disfrutarlo a Él, verlo a Él.

Pablo estaba en prisión, pero él no se enfocaba en la cárcel, sino que decía: "Quiero que Cristo aumente, quiero que Cristo sea magnificado en mi cuerpo". El apóstol se enfocó siempre en Cristo. Tal vez pienses: "¿Y quién paga la deuda?". El Cristo que vive en ti, el Cristo que estás disfrutando, liberará su sabiduría, su poder, sus finanzas, su gloria, porque lo estás disfrutando a Él. Cuando disfrutas a Cristo, Él se expresa y trae victoria sobre las dificultades, victoria en la salud, victoria en la deuda. ¡Porque somos más que vencedores por medio de Aquel que nos amó!

Tu foco no debe ser ver el problema, sino mirar dónde está Cristo. No te enfoques en el problema, sino en buscarlo a Él, porque si andas en Cristo, Él se va a encargar de liberar todo su poder celestial a tu favor. ¡Tu único deseo tiene que ser que Cristo aumente en ti!

Jesús tenía hambre, había estado cuarenta días sin comer. Tenía una necesidad, y frente a esta el enemigo intentó persuadirlo: "¿Por qué no conviertes las piedras en pan?". Satanás estaba poniendo el enfoque en la necesidad. Eso es Romanos 7. Jesús le respondió: "Está escrito: 'No solo de pan vive el hombre, sino de toda palabra que sale de la boca de Dios'. No estoy enfocado en mi necesidad, estoy alimentándome del pan del cielo que el Padre me provee". Luego Satanás le dijo: "Adórame a mí y te daré todos los reinos". "A mí no me interesan los reinos —contestó Jesús—, estoy adorando al Señor y solo a Él serviré". De igual manera, apartemos la mirada del problema y mirémoslo solo a Él, invoquémoslo, adorémoslo. Entonces, cuando el problema esté delante de nosotros, no entraremos en el conflicto de Romanos 7 ni le preguntaremos: "Señor, ¿qué hago?", sino que estaremos en Gálatas 5, y elegiremos si viviremos según la carne o en Cristo.

Cuando comienzas a invocarlo, a llamarlo, Él empieza a manifestarse con el poder de su resurrección.

Tu anhelo tiene que ser ver a Cristo. Si estás atravesando una prueba, piensa: "¿Dónde está Cristo en esta prueba?". Enfócate en el Cristo que te abraza en esa dificultad, que te sostiene, que es tu escudo. Concéntrate en Él, adora y no preguntes "¿cómo?", "¿cuándo?", "¿dónde?", "¿por qué?", "¿cómo voy a hacer?", "¿qué va a pasar?". Dice la Palabra que los gentiles tienen necesidad de esas cosas, pero entre nosotros no será así, porque nuestro Padre celestial sabe de las luchas de la carne y Él nos dará la victoria, porque se expresará con poder.

El alma nos insiste en que nos enfoquemos en el problema, en las noticias, en la injusticia que nos hicieron. La carne dice: "Tengo que sanar ese dolor", "No sé cómo superar esa traición". De esto habla Romanos 7. Por eso, Pablo escribió: "¡Qué miserable es la naturaleza humana!

¡Qué vida miserable la de todos!". Sin embargo, así comienza Romanos 8: "Mas gracias sean dadas a Dios, porque hallé otra ley, que está en mi espíritu: la ley de Cristo. ¡Cristo está viviendo en mí!". Ahora, cuando andamos en Cristo, cuando lo invocamos a Él, cuando lo disfrutamos a Él, cuando le cantamos a Él, ¡Él se encargará de todo!

Tres cosas de las que el Señor se va a encargar

1. EL SEÑOR TE DARÁ CAPACIDAD DIVINA

José era un joven que cuidaba ovejas, un buen chico. Pero lo vendieron y lo llevaron a la cárcel. Potifar lo llevó a su casa como esclavo y su esposa trató de seducirlo y de intimar con él. Sin embargo, José, que estaba disfrutando de la presencia del Señor, respondió: "No, no voy a pecar contra Dios". La mujer, despechada, decidió acusarlo de intento de violación. ¿Qué habría pasado si José se hubiera acostado con la esposa de Potifar? Ella no lo habría denunciado y él nunca habría ido a la cárcel. Si no hubiera sido encarcelado, nunca habría conocido al copero. Si no hubiera conocido al copero, quien salió de la cárcel y trabajó con Faraón, nunca habría tenido la oportunidad de presentarse ante él. Si nunca se hubiera presentado ante Faraón, nunca habría interpretado sus sueños. Y, si nunca hubiera interpretado los sueños de Faraón, nunca habría terminado en el palacio. Pero José le dijo que no a la carne y, entonces, Dios le dijo sí al Espíritu. Porque, cuando le decimos "no" a la carne, Dios dice: "Perfecto. ¡Prepárate para experimentarme!".

José fue a la cárcel, pero no se quejó ni se amargó. En prisión aprendió a hablar egipcio, y así fue como interpretó el sueño de los presos. La historia es bien conocida. Faraón lo llamó y José no solo le interpretó el sueño de las vacas gordas y las vacas flacas, sino que le sugirió una estrategia financiera a llevar a cabo durante el tiempo de abundancia para sobrellevar los años de escasez. ¿De dónde salió esa capacidad de José? De la Presencia del Señor. Ese fue Cristo dándole su capacidad. Dios va a soltar capacidad, y seremos como Daniel, diez veces mejores; o como Caleb, que tenía un espíritu superior; o como Nehemías, que en cincuenta y dos días terminó de reconstruir los muros de la ciudad a velocidad divina. ¡Dios nos va a dar su capacidad sobrenatural en medio del diario vivir, porque hemos decidido invocarlo a Él, adorarlo a Él, aplaudirlo a Él y disfrutarlo a Él!

2. EL SEÑOR TE DARÁ LA VALENTÍA DE CRISTO

Pedro había presenciado numerosos milagros mientras estuvo con el Señor. Sin embargo, cuando crucificaron a Cristo, él no estuvo al pie de la cruz. ¿Quién estuvo allí? María Magdalena. ¿Dónde estaban Pedro, Bartolomé, Mateo, Zaqueo y los cinco mil que habían sido testigos de los milagros? Se habían escondido, habían huido; pero esta valiente mujer, a quien Jesús le había expulsado demonios, estaba allí, sin miedo. Luego, cuando Cristo fue al sepulcro, ella se levantó temprano, tomó perfume para ungir el cuerpo del Señor y pensó en cómo movería la piedra. No sabía cómo lo haría, pero iba a averiguarlo. Cuando llegó, encontró que la piedra había sido removida. Ese es el valor que Cristo da. Dios levantará más mujeres como María Magdalena, con un valor sobrenatural para ir a los lugares donde se encuentran los obstáculos, para ver milagros y para estar sin miedo a los pies de la cruz, y para estar de pie frente a Pilato, a Herodes y a los romanos.

Dios nos dará su carácter, que es valor, poder y dominio propio. Es el carácter valiente de Cristo, no el nuestro, no el de la carne, no el que afirma: "Yo digo lo que quiero, y te lo expreso de frente". Eso es Romanos 7, pero necesitamos movernos a Gálatas 5. ¿De dónde obtuvo esa valentía María Magdalena? De la intimidad con el Señor. Ella amaba a Cristo. Mientras que a los demás les gustaban los milagros, a ella le importaba amar al Señor. Por esa razón es que María Magdalena fue la primera en ver al Resucitado. Fue ella la que corrió a contarle a Pedro que la tumba estaba vacía.

Quizá nosotros, si hubiésemos estado en el lugar de Magdalena, le habríamos preguntado: "Pedro ¿por qué no viniste a la cruz? ¿Dónde estabas cuando Cristo estaba crucificado? ¿Por qué no viniste temprano a ungir su cuerpo? ¿Tenías miedo?". María Magdalena no sintió miedo, porque tenía el valor del Señor. Disfrutar la presencia de Cristo no es algo superficial, sino que implica permitir que Cristo aumente y que su esencia absorba la nuestra, que Él tome más espacio y que nosotros tengamos menos protagonismo. Así, el carácter de autoridad y el poder del Hijo de Dios se manifestarán en los momentos más difíciles de nuestra vida.

DIOS NOS DARÁ SU CARÁCTER, QUE ES VALOR, PODER Y DOMINIO PROPIO.

EL MONTE ES CRISTO

Génesis 22	**vs. 2: "OFRÉCELO EN EL MONTE QUE TE DIRÉ"**
	vs. 3: "LLEGÓ AL LUGAR"
	vs. 4: "VIO EL LUGAR"
	vs. 9: "LO OFRECIÓ EN EL LUGAR"

3. EL SEÑOR TE DARÁ PROVISIÓN EXTRAORDINARIA

Cuando Dios le dijo a Abraham que le entregara a Isaac, que lo ofreciera en el monte que Él le indicaría, el Señor no quería que lo hiciera en cualquier lugar, sino en el monte que Él le diría. El v. 3 de Génesis 22 narra que Abraham llegó con Isaac y los siervos al monte. El v. 4 hace referencia a que vieron el monte y

Abraham les dijo a los criados: "Quédense acá. Nosotros adoraremos y volveremos". Padre e hijo subieron al monte y, allí, en el monte, Dios le dio la victoria, porque el monte es Cristo. Todo lo que Dios va a hacer lo hará en el monte, pues no hay nada fuera del monte. Cristo es el monte. Tenemos que ir a Cristo, mirar a Cristo y subir a Cristo, porque en Cristo somos más que vencedores por medio de Aquel que nos amó.

En el monte Isaac preguntó: "Papá, tenemos la piedra, tenemos la leña, pero ¿dónde está el cordero?". Abraham le respondió: "Jehová proveerá. Tranquilo, hijo". Ese día Isaac murió y su padre también. Y justo cuando Abraham iba a darle muerte a su hijo y entregarlo, el ángel de Dios le dijo: "¡No lo hagas!". La voz de Dios aparece en el monte. ¿Qué significa esto? Necesitamos ir al monte, mirar el monte y subir al monte, porque en el monte está la voz, la carga, la palabra.

> *Y dijo: No extiendas tu mano sobre el muchacho, ni le hagas nada; porque ya conozco que temes a Dios, por cuanto no me rehusaste tu hijo, tu único. Entonces alzó Abraham sus ojos y miró, y he aquí a sus espaldas un carnero trabado en un zarzal por sus cuernos; y fue Abraham y tomó el carnero, y lo ofreció en holocausto en lugar de su hijo.*
>
> Génesis 22:12-13

No extiendas tu mano sobre el muchacho, le dijo el ángel y, automáticamente, Abraham levantó la vista y miró la provisión. Porque en el monte estará la voz y la visión; en el monte está todo. Dios te hablará y ahí mismo te mostrará dónde están los recursos para resolver la lucha de Romanos 7. Sin embargo,

Romanos 7 ya no es nuestra lucha. Ahora lo nuestro es caminar, servir y vivir a Cristo.

Entonces alzó Abraham sus ojos y miró, y he aquí a sus espaldas un carnero trabado en un zarzal por sus cuernos. Abraham alzó sus ojos y miró, pero el carnero estaba detrás de él. Entonces, ¿cómo hizo para ver hacia atrás? En el monte tendrás ojos aun en la espalda. Dios nos mostrará bendiciones, recursos que otros no ven, y los vamos a ver incluso cuando estén a nuestras espaldas. Pero eso solo ocurre en el monte.

En el monte Moriah, Abraham halló el canero y dijo: "Este será el monte de la provisión". ¿Y sabes dónde se construyó el templo muchos años después? En esa misma montaña. El Moriah hoy es Cristo viviendo en nuestro espíritu. La montaña está dentro de nosotros. Nos levantamos en el monte, andamos en el monte, caminamos en el monte, disfrutamos en el monte, y entonces el Señor se encarga de que en todas nuestras batallas seamos más que vencedores. Cuando le crees a Él, lo disfrutas a Él, lo invocas a Él, el poder de su resurrección va a expresarse sí o sí.

Abraham tomó el carnero, y junto a Isaac levantaron un altar y adoraron. Entonces el ángel le habló a Abraham por segunda vez. Porque en el monte, cuando caminas en el Espíritu, Dios no solo te habla una vez, sino que pone ojos en tu espalda, te muestra la provisión y te hablará otra, otra y otra vez. Por eso, incluye al Señor aun en lo pequeño, búscalo mientras miras televisión, te bañas o estás haciendo compras. Dile: "Señor, ¿dónde estás? Tú eres mi mejor compañía". En medio de la deuda, exprésale: "¿Dónde estás, Señor? Cristo, Tú eres quien sostiene mi mano, mi apoyo". En situaciones de abandono, cuando te sientas mal, solo o triste, sal de Romanos 7 y busca a Cristo.

¿Qué le dijo el ángel a Abraham cuando le habló por segunda vez? Veamos:

> *De cierto te bendeciré, y multiplicaré tu descendencia como las estrellas del cielo y como la arena que está a la orilla del mar; y tu descendencia poseerá las puertas de sus enemigos.* Génesis 22:17

Dios le dijo: "Yo me voy a encargar de tus cosas. Te bendeciré y te multiplicaré". ¿Qué es lo que el Señor va a multiplicar? La bendición. Y cuando agradezcas por esta, Él tomará la bendición y la multiplicará dos veces más, diez mil veces más, un millón de veces más. Dios te bendice y después te multiplica la bendición. Pero el pasaje continúa diciendo: *Y tu descendencia poseerá las puertas de sus enemigos.* Los enemigos son los problemas que podrán aparecer en el futuro. Con base a esto, el Señor nos dice: "Yo también me encargaré de lo que ocurra más adelante, porque viniste al monte con tus hijos, porque subiste la montaña". Por todo esto, hoy decídete a subir al monte de Jehová con tus padres, tus abuelos, tu cónyuge, tus hijos, con toda tu familia, ¡porque allí verás y disfrutarás al Señor! ¡No hay nada fuera de Él!

Aumentar a Cristo hace que los deseos de la carne desaparezcan. Por eso, si te sientes mal, es porque todavía no estás disfrutando a Cristo con poder, porque cuando Él crece los cielos no pueden contener su gloria.

Pablo dijo: "Me abandonaron todos, pero el Señor estuvo a mi lado y me dio fuerzas". No se trata de mejorar la conducta, sino de vivirlo a Él, de buscarlo a Él, de disfrutarlo a Él, porque entonces Él hará mucho más de lo que puedes imaginar.

CAPÍTULO 2

LA GUÍA INTERIOR

¡NO TE DISTRAIGAS!

Toda la Epístola a los Gálatas nos exhorta a no distraernos de Cristo. Ese es el objetivo del apóstol Pablo en cada capítulo. Como podemos ver, él nos explica que lo primero que Dios quiere hacer es revelarnos al Hijo, que vivamos al Hijo y que el Hijo crezca. Su mayor interés es que lo conozcamos más, pero no para tener un conocimiento intelectual de Él, sino para experimentarlo. Este es el tema central de la epístola.

Pero ¿qué les sucedió a los gálatas? Se distrajeron. En lugar de enfocarse en Cristo, se distrajeron con la ley, con las tradiciones, con las costumbres y con los preceptos. Introdujeron la circuncisión, las enseñanzas judaizantes, y se desviaron de Cristo. Gálatas, de principio a fin, habla sobre no distraerse de Cristo.

Todos los seres humanos al nacer lo hacemos con leyes propias, con una naturaleza humana. Por ejemplo, si un bebé come algo agrio, le desagrada; pero si le dan algo dulce, le gusta. ¿Quién le enseñó eso? Nadie, está en la ley de la naturaleza humana. Veamos otro ejemplo: los perros ladran sin que nadie les haya enseñado a ladrar.

¿Por qué lo hacen? Porque está en su naturaleza.

EL BIEN Y EL MAL

Como mencionamos en el capítulo 1, en nuestra naturaleza está la ley del bien y del mal. Pero observemos qué ocurrió...

Génesis 4 relata que el hombre trató de hacer algo para que el bien aumentara y el mal disminuyera. Con el objetivo de estar mejor, más sano, más feliz; de que la maldad, la envidia, la culpa y el deseo de destruir y destruirse se redujeran, el hombre desarrolló tres áreas que utilizamos hasta el día de hoy. Veamos cuáles son estas:

1. *La música.* La música significa entretenimiento. Ahora, el hombre tratará de entretenerse para incrementar el bien y reducir el mal. ¿Te gusta entretenerte? ¿Te gusta divertirte? Al respecto, la gente expresa: "Disfruta, pásala bien, sé feliz, ¡sé tú mismo!".

2. *El trabajo.* Para crecer, para superarse, para desarrollar el bien, aparecieron las ciudades, el ganado, la religión, la ética. Esta es la razón por la que todos seguimos trabajando actualmente y afirmamos: "Si no trabajas, no vas a progresar".

3. *Las armas*. El ser humano inventó las armas con el objetivo de protegerse de quienes quisieran lastimarlo, por lo que recurrió a todo lo que le proveyera esa protección.

Aunque ahora había entretenimiento, desarrollo laboral y cierta protección, Pablo comenzó a mirarse a sí mismo, tratando de entender cómo funciona la naturaleza humana. El apóstol descubrió que cada persona tiene una lucha interna entre el bien y el mal, y debido a esto el hombre sufre. Los seres humanos somos seres dolientes, sujetos a la muerte, porque sabemos que algún día vamos a morir. En todo ser humano hay una lucha, un vacío, un dolor, y el apóstol lo ilustra en Romanos 7:

Romanos 7:18: *Y yo sé que en mí, esto es, en mi carne, no mora el bien; porque el querer el bien está en mí, pero no el hacerlo*. En nuestra carne no mora el bien, porque el bien está en nosotros, pero no el hacerlo.

Romanos 7:21: *Así que, queriendo yo hacer el bien, hallo esta ley: que el mal está en mí*. Queremos hacer el bien, pero, a veces, no tenemos la voluntad de hacerlo. Queremos perdonar, pero no sentimos ganas; queremos ayudar al prójimo, pero en ocasiones no tenemos el deseo de llevarlo a la práctica.

Romanos 7:24: *¡Miserable de mí! ¿quién me librará de este cuerpo de muerte?* Una ley es algo que sale automáticamente, y Pablo descubrió que en nuestra naturaleza humana hay dos leyes: la ley del bien y la ley del mal, y ambas salen automáticamente. "Ahora hay una lucha", dice Pablo, "entre el bien y el mal". Cuando decimos: "Me tengo que controlar", vemos que sentimos más ganas de pelear. Es decir, cuanto más queremos hacer el bien, más se nos activa el botón del mal. Y, cuando tocamos el botón del mal, se nos activa el botón del bien y exclamamos: "¡Qué mal que estuve! Les grité a mis hijos, no estuve bien". Desde que nacemos, tenemos una lucha permanente que nos hace sentir miserables. Hay una lucha entre el bien y el mal, entre la vida y la muerte, dos leyes diametralmente opuestas.

El apóstol Pablo fue más profundo y aseguró: "No solo hago el mal, sino que el mal vive en mí". Lo que él afirma es que nuestro ser es malo, y que el mal, el pecado, vive en nosotros. Y no solo vive en nosotros, sino que tiene sus propios deseos.

Todos tenemos deseos carnales, ganas de hacer cosas que le hacen daño a otras personas, y aun a nosotros mismos. Pablo se dio cuenta de que esa ley de maldad, que odia las cosas de Dios, reina en nuestra vida; es decir, somos esclavos de ella. Esta es la razón por la que Jesús declaró: "La carne para nada aprovecha". Jesús mismo en una oportunidad le dijo a Nicodemo: "Lo que es nacido de la carne se va a mantener siempre siendo carne, pero lo que es nacido del Espíritu de Dios tiene otra naturaleza". Pero el Señor nos prometió: "Vengan a mí todos los que están cansados de esa lucha agotadora entre el bien y el mal. Yo les voy a dar mi paz, aunque no como la da el mundo".

La naturaleza humana no cambia, no se educa, y se quedará con nosotros hasta que muramos. ¿Podemos mejorar el bien? Por supuesto; para eso está la educación, el trabajo, etcétera. Todo eso aumenta el bien y disminuye el mal; pero, aunque el mal disminuya, siempre estará ahí. Sin embargo, cuando recibimos a Cristo, comienza a vivir en nosotros otra naturaleza, porque decidimos que el árbol de la vida, que es Cristo, sea nuestro Señor y Salvador. Él entró a nuestros corazones, y con Él una nueva naturaleza. En la naturaleza celestial no hay mal, no hay mentira, no hay muerte, no hay engaño. Allí está el amor, el gozo, la paz, la benignidad, el poder y las riquezas. Porque cuando recibimos a Cristo, recibimos todo lo que Él es y todo lo que Él tiene. Ahora tenemos dos naturalezas, la humana y la divina, que coexisten en nosotros. Y si alguien está en Cristo, nueva criatura es.

CUANDO RECIBIMOS A CRISTO, COMIENZA A VIVIR EN NOSOTROS OTRA NATURALEZA.

MISERIA O VICTORIA

En Romanos 7, Pablo describe la lucha para hacer el bien y bajar el mal, concluyendo que esa es una vida miserable; pero en Gálatas 5, nos muestra una nueva perspectiva. En lugar de luchar por nuestra propia mejora y superación, ahora la lucha es elegir entre usar nuestra propia naturaleza o la naturaleza de Cristo. Es importante destacar que, al hacer esta transición, podemos experimentar una victoria extraordinaria. Mientras que Romanos 7 nos muestra la vida miserable que llevamos al tratar de mejorar por nosotros mismos, en Gálatas 5 encontramos un camino de victoria. Volvamos a leer estos versículos de la Epístola a los Gálatas:

> *Digo, pues: Andad en el Espíritu, y no satisfagáis los deseos de la carne. Porque el deseo de la carne es contra el Espíritu,*

y el del Espíritu es contra la carne; y estos se oponen entre sí, para que no hagáis lo que quisiereis. Gálatas 5:16-17

"Si andan en Cristo —afirma Pablo— no van a tener lucha contra la carne, no van a satisfacer la lucha de Romanos 7, y serán más que vencedores". ¿Por qué? Porque el deseo de la carne lucha contra el Espíritu, y el del Espíritu contra la carne; es decir, se oponen entre sí. De nosotros depende si vamos a elegir pararnos en Cristo y usar su vida o si vamos a pararnos en nuestra vida y usar lo nuestro.

Cada vez que estás pensando: "¿Cómo lo hago?", "¿Cómo lo resuelvo?", "¿Cómo puedo llevarme mejor?", "¿Cómo hago para perdonar a mi papá?", eres miserable. ¡Sal de ahí y comienza a andar en el Espíritu! ¿Qué quiere decir andar en el Espíritu? Disfrutar al Señor, tocarlo a Él, dejar Romanos 7 y toda nuestra lucha, y adorarlo a Él. Y todo lo que Cristo tiene y es se liberará en nuestra vida para que caminemos en victoria. Nuestra única tarea es disfrutar a Cristo, estar atentos a Él.

ANDAR EN EL ESPÍRITU

"Andar" en el Espíritu se refiere a caminar con Él en el diario vivir, a lo largo del día, a cada momento. En lugar de preocuparnos en cómo resolver nuestros problemas, tomemos la llave poderosa que se nos ofrece en Gálatas 5 y digámosle: "Señor, soy uno contigo. Te amo, Jesús. Eres maravilloso". Eso significa andar en el Espíritu y, cuando lo hacemos, la carne es vencida en el nombre del Señor.

Nuestra tarea es dejar de enfocarnos en cómo, cuándo y dónde, frente a un problema, y pasar a tener un contacto íntimo con Él, disfrutar de su presencia, experimentarlo, verlo y caminar con Él cada día. En la Biblia, esto se llama "comer a Cristo". No se trata solo de estudiarlo o estar cerca de Él, sino de tener una comunión profunda con Él. Eso es lo que significa "andar en el Espíritu". El Padre no está interesado en resolver nuestros problemas, porque siempre los tendremos, lo único que a Dios le interesa es que Cristo viva en nosotros y que andemos en el Espíritu a lo largo del día. Por ende, nuestro enfoque no debe estar en cómo vencer problemas o tentaciones a través de consejos o métodos humanos —porque así funciona la gente que no tiene a Cristo—; en cambio, nosotros tenemos una naturaleza nueva: a Cristo viviendo en nosotros, la naturaleza de Él, que es lo que Cristo es y lo que Cristo tiene. Entonces, en vez de preguntarnos: "¿Cómo hago para vencer el miedo?", "¿Cómo hago para pararme con autoridad?", ¡dejemos esa lucha miserable y parémonos en Cristo, toquémoslo a Él, mirémoslo a Él, disfrutémoslo a Él, y Él se liberará a través de nosotros!

Si recibes un diagnóstico de enfermedad, ¿qué tienes que hacer? Ir a Cristo y decirle: "Señor, eres mi sanador, mi Jehová-Rafa, el Rey de gloria. Yo te alabo, te adoro y te exalto en este día maravilloso". De este modo, te estarás moviendo a Gálatas 5, estarás en Cristo, y los deseos de la carne serán vencidos. En lugar de ver el problema, tenemos que preguntarnos: "¿Dónde está Cristo en este problema?", y decirle a Él: "Señor, te quiero ver a ti, quiero hablar de ti, quiero enfocarme en ti porque, si me enfoco en la dificultad, en la crisis, tal vez pueda resolverla, pero después vendrá otro problema, y siempre viviré una vida miserable".

¿Sabes por qué somos miserables? Porque teniendo a Cristo, teniendo lingotes de oro, aun así estamos tratando de construir la casa con maderitas, con la carne. Y el mundo está en la misma lucha. Adán y Eva comieron del árbol del conocimiento del bien y del mal, y la muerte entró en su cuerpo. Sin embargo, el bien también estaba allí, por lo que la lucha entre el bien y el mal había comenzado. Fue por eso que Dios les dio la Ley: los diez mandamientos. Los mandamientos eran el reflejo del carácter de Dios. El pueblo de Dios, en la soberbia de la naturaleza humana, intentó copiar el carácter del Señor.

Pero ¿qué pasó? Si uno cumplía el tercer mandamiento, fallaba en el quinto; el otro cumplía el octavo, pero fallaba en el noveno. Finalmente, esa Ley que debía guiarlos terminó siendo para ellos un peso difícil de sobrellevar. Así fue como Dios, además de la Ley, les envió a los profetas. Elías, Eliseo, Samuel, etc., todos intentaron guiar al pueblo, pero los profetas también enfrentaron resistencia y fueron perseguidos. Hasta que vino Cristo y puso fin a la Ley y a la guía de los profetas. Él decidió depositar su carácter (su bondad, su justicia, su amor) en el espíritu de las personas y, en lugar de depender de los profetas para saber qué hacer, Cristo prometió enviar al Espíritu Santo, quien nos enseñaría cuándo hablar y cuándo callar, cuándo avanzar y cuándo detenernos. Ya no necesitaríamos que otros nos indiquen cómo vivir, porque Cristo mismo viviría en nosotros.

Cada vez que tocas a Cristo, cada vez que invocas a Cristo, cada vez que disfrutas a Cristo, el oro aumenta y el barro disminuye. ¿Has notado que hay cosas que ya no te afectan? Eso es porque Cristo creció, porque el oro aumentó en tu vida. Pero ¿por qué a veces Cristo no aumenta? Porque nos falta

Altar. Cuando lo hagas, verás que el oro, que es Cristo, crecerá espontáneamente.

TRES ASPECTOS DE CRISTO

El Señor es dueño de todas las cosas, y si lo buscamos y lo disfrutamos a Él, Cristo empezará a manifestarse; y lo que Él es, seremos nosotros, porque somos uno con Él. Veamos tres aspectos de Cristo que se manifestarán en nosotros si andamos en Él:

• *LAS FUERZAS DE ÉL SERÁN NUESTRAS FUERZAS*

Isaías 40:31: *Pero los que esperan a Jehová tendrán nuevas fuerzas; levantarán alas como las águilas; correrán, y no se cansarán; caminarán, y no se fatigarán.*

NUESTRA TAREA ES ANDAR EN CRISTO, DISFRUTARLO, VIVIRLO A ÉL.

Las fuerzas de Cristo son fuerzas sobrenaturales. Pablo escribió: "Todos me abandonaron, pero Él estuvo a mi lado y me dio fuerza". Cuando le dices al Señor: "Soy uno contigo, Señor, te amo", Sus fuerzas llegan a tu vida y te llevan a enfrentar la deuda, la enfermedad, el problema, la crisis. Tener las fuerzas de Él hace que todo se abra. Cuando Jesús se bautizó, el cielo se abrió. Nunca antes había ocurrido eso. Cristo tomó la Ley, la Palabra, y la abrió; se acercó a los dos de Emaús y les abrió el entendimiento; llegó a los ciegos y les abrió los ojos. Donde Él va, nada queda cerrado; donde Él camina, abre camino donde no hay. Por eso, nuestra tarea es andar en Cristo, disfrutarlo, vivirlo a Él. Por eso, ya no te preocupes, disfruta de Él, porque las fuerzas de Cristo serán tus fuerzas.

Observa que esto mismo es lo que le sucedió a Elías:

> *Y echándose debajo del enebro, se quedó dormido; y he aquí luego un ángel le tocó, y le dijo: Levántate, come. Entonces él miró, y he aquí a su cabecera una torta cocida sobre las ascuas, y una vasija de agua; y comió y bebió, y volvió a dormirse. Y volviendo el ángel de Jehová la segunda vez, lo tocó, diciendo: Levántate y come, porque largo camino te resta. Se levantó, pues, y comió y bebió; y fortalecido con aquella comida caminó cuarenta días y cuarenta noches hasta Horeb, el monte de Dios.* 1 Reyes 19:5-8

Elías se quedó dormido. Estaba sin fuerzas, vencido, porque lo buscaban para matarlo, pero un ángel lo tocó y le dijo: "Levántate y come". Elías vio al ángel y, sin sorprenderse, obedeció, pero estaba tan extenuado en su naturaleza humana que volvió a dormirse. A veces Dios se nos aparece, pero, como estamos tan en Romanos 7, tan destruidos, ni aun viendo milagros logramos recuperarnos. El ángel volvió y por segunda vez tocó a Elías. *Levántate y come* —le dijo— *porque largo camino te resta.* El profeta se levantó, comió y bebió, pero esta vez no se volvió a dormir, porque en ese segundo toque recibió fuerzas sobrenaturales. Elías caminó cuarenta días y cuarenta noches hasta la victoria. Dios nos dará pan y bebida de Cristo, y aunque la primera vez no funcione, en la segunda oportunidad sí lo hará, y no nos volveremos a dormir hasta lograr lo que Dios nos prometió. Y esas fuerzas no solo son emocionales, también son físicas.

Si te sientes débil, Dios te va a sanar. Te levantarás de la cama y recibirás fuerzas, serás fortalecido en tu cuerpo. También recibirás fuerzas en el alma y en el espíritu, las cuales provendrán de comer y beber de Cristo. Observa que el ángel le ordenó "come". Necesitamos comer a Cristo, pero a veces el alma está tan negada que dice *Yo ya comí, ya oré al Señor, ya lo busqué, ya hice el ejercicio, ya adoré, ya estuve en el equipo, pero nada cambia.* La realidad es que siempre que tocas a Cristo, Él prometió que se iba a manifestar.

• *LOS RECURSOS DE ÉL SERÁN NUESTROS RECURSOS*

Pablo estaba preso cuando dijo:

Filipenses 1:19: *Porque sé que por vuestra oración y la suministración del Espíritu de Jesucristo, esto resultará en mi liberación.*

Pablo usa la palabra "suministración". El suministrador era el rico del pueblo, el que pagaba el teatro, a los músicos, al coro, al sonidista. Es decir, el suministrador era quien se encargaba de pagar todo lo necesario para que la gente estuviera bendecida. El Espíritu Santo es el suministrador, el que va a cubrir todo conforme a sus riquezas en gloria. Nuestra tarea es, simplemente, andar en Él, y Él pagará todo.

• *CUANDO ANDAMOS EN CRISTO, LO TENEMOS QUE GASTAR*

2 Corintios 12:15: *Y yo con el mayor placer gastaré lo mío, y aun yo mismo me gastaré del todo por amor de vuestras almas, aunque amándoos más, sea amado menos.*

"Aunque no me quieren mucho, yo me gastaré del todo por amor a ustedes", dijo Pablo. Cuando disfrutamos a Cristo, lo tenemos que gastar. ¡A Cristo hay que gastarlo! Imagínate que tienes un millón de dólares en tu cuenta bancaria, pero comes polenta (sémola de maíz). Eso es ser tacaño. Eres rico, pero vives como si no tuvieras nada, porque no gastas lo que tienes. A Cristo hay que gastarlo, ¿y cómo lo hacemos? Soltando la carga. Cada vez que sueltes la Palabra o compartes un testimonio, estás gastando a Cristo. Por ejemplo, si le hablas a la enfermedad y le ordenas: "Sal de ese cuerpo", gastas a Cristo. Ahora bien, ¿por qué debemos gastarlo? Porque, cuando Cristo ve que lo gastamos, Él pone más de Él en la cuenta. Cada vez que gastas a Cristo, Dios deposita más en tu cuenta. Y, si te preguntas por qué no tienes mucho, la respuesta es simple: porque no gastas nada, porque eres tacaño. Necesitas gastar a Cristo, porque, cuanto más gastas, más de Él se deposita en tu cuenta.

Cuando verdaderamente tocas a Cristo, lo disfrutas, lo sigues, lo sientes... Cristo no es un método. Cristo irá aumentando y te dará su carácter perfecto. El carácter de Cristo es divino–humano, porque Él es hombre perfecto y Dios, es decir, tiene naturaleza humana y naturaleza divina, y manifestará lo divino y lo humano en ti.

Cuando vivas a Cristo, los malignos, los angustiadores y los enemigos que se juntan para destruirnos caerán. El salmista afirma que tropezaron y cayeron porque Cristo piedra se interpuso como obstáculo. Ahora tú y yo vamos a andar en el Espíritu y, cuando toquemos al Señor, Él soltará piedras en el camino para que la deuda tropiece, para que la enfermedad tropiece, para que el dolor y la muerte tropiecen, caigan y sean destruidos.

Cuando se juntaron contra mí los malignos, mis angustiadores y mis enemigos, para comer mis carnes, ellos tropezaron y cayeron. Salmos 27:2

Gasta a Cristo, suéltale a Cristo a la gente, sé una ofrenda de amor para Él. Gasta la misericordia, gasta el testimonio, porque el oro aumentará y el barro disminuirá. Gasta al Señor y tendrás más depósito de parte de Dios. Anda en Cristo, y Él se expresará en tu vida.

CAPÍTULO 3

DISFRUTAR DE ÉL

EN ÉL ESTÁ TODO ESCONDIDO

Tal como vimos en los capítulos anteriores, en la Epístola a los Gálatas el apóstol Pablo los insta a regresar a Cristo. "Se distrajeron, se cayeron de la gracia, ahora tienen que volver a Cristo", dijo el apóstol. Gálatas habla de no distraerse del Señor. En realidad, cada carta de Pablo se escribió debido a que la gente se había desviado. En Colosenses, por ejemplo, se habían distraído con la filosofía del mundo y Pablo tuvo que instarlos a regresar. Ahora bien, es importante que tengamos en claro que Dios tiene un diseño para nosotros. Ese diseño se inicia en Génesis, y Apocalipsis muestra su consumación. ¿Por qué Dios creó al hombre? El objetivo de Dios, al crear al ser humano, fue que el hombre sea un vaso para que Dios ponga su vida en ese recipiente, y así este pueda vivir y disfrutar de la vida divina. Esto es lo que debemos tener claro: el diseño de Dios al crear al hombre fue que Dios deseaba vaciarse en el vaso que somos, para que podamos vivir la vida divina, y compartir, impartir y distribuir esa vida divina a otros.

Por eso, cuando leemos Génesis, vemos que Dios tomó el barro y formó el vaso, y luego sopló su Espíritu en el espíritu del hombre. Después, el Señor puso el árbol de la vida y le dijo: "Esta es Mi vida, representada en este árbol". Debemos recordar que fuimos creados para recibir y manifestar esa vida divina. No simplemente para ser felices o para formar una familia. Esta manera de pensar es muy simplista. El plan de Dios, por el cual creó todo, es hacer de nosotros un vaso con una naturaleza humana, para que Él pueda morar en nosotros con su vida, sus riquezas, su amor, su poder y su bondad, y así podamos vivir la vida divina y compartirla con los demás.

SI TIENES A CRISTO, EN ÉL ESTÁ TODO ESCONDIDO, ABSOLUTAMENTE TODO LO QUE NECESITAS. ¡DISFRUTA A CRISTO!

Jacob, al no tener claro el diseño de Dios, comenzó a vagar de un lado a otro, sin rumbo definido. Pero llegó un momento en el que puso una piedra como almohada y se recostó para descansar. Fue entonces cuando Dios le dio un sueño. Jacob vio una escalera con ángeles subiendo y bajando. El Señor le estaba mostrando que su propósito era traer lo celestial a lo terrenal, para que la vida divina pudiera manifestarse en su vida. Impactado por esta revelación, Jacob se levantó y ungió la piedra con aceite, declarando que aquel lugar era la casa de Dios y lo llamó Betel. A simple vista, parecía que había entendido, sin embargo, observa lo que dijo:

> *E hizo Jacob voto, diciendo: Si fuere Dios conmigo, y me guardare en este viaje en que voy, y me diere pan para comer y vestido para vestir, y si volviere en paz a casa de mi padre, Jehová será mi Dios. Y esta piedra que he puesto por señal, será casa de Dios; y de todo lo que me dieres, el diezmo apartaré para ti.* Génesis 28:20-22

Dios le había mostrado la escalera y le había dicho: "Te daré Mi vida", pero Jacob comenzó a hablarle de sus problemas: "Bueno, pero yo necesito comida, vestido, ayuda, un poco de paz". No había entendido que si Dios te da Su vida, en ella está todo lo que te hace falta y mucho más. Si tienes a Cristo, en Él está todo escondido, absolutamente todo lo que necesitas. ¡Disfruta a Cristo!

EL DISEÑO ORIGINAL

La tierra gira alrededor del sol, por ende, estamos bien; pero ¿qué sucedería si eligiera girar alrededor de otra estrella? ¡Seguramente no estaríamos acá! Esto es lo que les sucedió a Adán y a Eva. Ellos habían sido creados con el propósito de que sus vidas giraran en torno a la vida de Cristo. Sin embargo, rechazaron esa vida y comenzaron a girar en torno a sí mismos. Desde entonces, la naturaleza humana ha estado girando constantemente en busca de bienestar, mejora y avance. El hombre ha perdido el diseño original, que consistía en ser un recipiente para que Dios pudiera depositar su vida en este, permitiéndole disfrutar tanto de la vida humana como de las riquezas de la vida divina. Ese fue el diseño original de Dios: infundir la vida divina en este frágil cuerpo de barro, para que el oro (la vida divina) crezca y el barro (la naturaleza humana) se humille.

Al observar el libro de Apocalipsis, vemos una ciudad hecha completamente de oro, somos todos nosotros, aquellos que hemos crecido en el plan de Dios, porque su propósito se cumplirá perfectamente, tarde o temprano.

La Escritura afirma que Dios creó al hombre a su imagen. Es decir, en pequeñas dosis, Él puso sus virtudes en el alma humana. Esta es la razón por la que en nosotros hay algo de su amor, de su bondad, de su justicia. Es decir, somos humanamente divinos y divinamente humanos. Es por eso que envejecemos, nos enfermamos, nos deprimimos, armamos guerras, robamos, destruimos, morimos. El mal ahora está en el hombre, pero también el bien. Ahora el ser humano tiene dos leyes que pelean entre sí. Sin embargo, para Dios, tanto aquellos que tienen mayor bien como aquellos que tienen en mayor medida el mal son iguales, porque todos hemos fallados, estamos caídos. Esto es lo que Pablo descubrió y, en la epístola a los Romanos, capítulo 7, vv. del 21 al 24, hace un autoanálisis bajo la guía del Espíritu Santo. Pablo describe la lucha que todos tenemos. Queremos hacer el bien, porque el bien está en nuestra alma, pero también el no hacerlo. Así que, al querer hacer el bien, mejorar, crecer, formar una pareja, hallamos que la ley del mal está también en nosotros. ¡Por eso la vida humana es miserable!

DOS NATURALEZAS

Hay una lucha entre el bien y el mal; a veces gana el bien, a veces gana el mal y a veces empatan, pero todos estamos en esa lucha que está claramente representada por los dos hijos en la parábola del hijo pródigo. Aquí, el Señor muestra cómo el padre trata lo malo y cómo trata lo bueno. Las obras de maldad (la ira, la envidia, el egoísmo, etc.) están representadas en el hijo que le pide al padre que le dé el dinero que le pertenece para irse de la casa, vivir perdidamente y malgastarlo todo. Un día, este hijo —iluminado por Dios— tocó fondo y volvió en sí. Fue entonces cuando afirmó: "Voy a volver a la casa de mi padre y le voy a decir: 'Papá, he pecado. Ya no soy digno de ser llamado tu hijo'". Esto explica que el mal puede ser extinguido. Frente a esta actitud, el padre lo abrazó, le colocó un anillo en su mano, lo vistió, le dio calzado e hizo una fiesta. Así es el amor de Dios: Él toma lo malo y lo perdona para siempre.

Pero en la casa también estaba el otro hermano, el trabajador. Este hermano nunca le pidió dinero al padre. Él era un buen hijo, un trabajador diligente. Amaba a su padre y no tenía intención de irse y vivir de manera irresponsable. Si hubiera querido, él podría haber reclamado su herencia y haberse marchado, pero decidió quedarse y trabajar. Siempre fue una persona honorable y justa. Sin embargo, Dios siempre hace algo para mostrarle al buen hijo lo equivocado que está. El segundo hijo decía: "Soy una buena persona. He cometido errores, sí, pero no como mi hermano, que malgastó todo su dinero. Yo soy un trabajador dedicado, que ha honrado y respetado a su padre y ha trabajado arduamente desde el amanecer hasta el anochecer".

Sin embargo, cuando el hermano menor regresó arrepentido, el padre le dio un anillo, un vestido nuevo y organizó una fiesta. En ese momento, el buen hijo comenzó a darse cuenta de que no era tan bueno como pensaba. El alma siempre te hace sentir bien, creyendo que eres un buen cristiano, que amas a Dios, que obedeces su Palabra y que solo quieres hacer el bien. Pero Dios dice: "¿De veras? Te enviaré a tu hermano arrepentido para mostrarte que tú también estás perdido, solo que no te perdiste fuera de casa, sino dentro de ella". Analicemos algunas de las frases de la parábola:

> *Entonces se enojó, y no quería entrar. Salió por tanto su padre, y le rogaba que entrase. Mas él, respondiendo, dijo al padre: He aquí, tantos años te sirvo, no habiéndote desobedecido jamás, y nunca me has dado ni un cabrito para gozarme con mis amigos.* Lucas 15:28-29

El hijo mayor se enojó. Había vuelto su hermano (tendría que haberse alegrado), pero él se enojó, mostrando que él también tenía las emociones "a flor de piel". Y respondiendo a sus emociones, no quiso entrar a la fiesta. Ofendido, le hizo conocer su currículum al padre: "Hace muchos años que te sirvo, nunca te desobedecí, y no me has dado ni un cabrito para comer con mis amigos". El hijo le echó la culpa al padre, porque no le había dado un cabrito. ¿Acaso no podía tomar él mismo el animal?

¡Si todo era de él! Esta es una radiografía de la persona "meteculpa", almática y carnal.

> *Pero cuando vino este tu hijo, que ha consumido tus bienes con rameras, has hecho matar para él el becerro gordo.*
> Lucas 15:30

Pero cuando vino este, tu hijo —dijo el muchacho (¡ni siquiera pudo referirse a él como su hermano!)—, *que ha consumido tus bienes con rameras, has hecho matar para él el becerro gordo.* El hijo mayor tenía envidia. ¿Cuál es el problema si Dios bendice a otra persona? El papá, entonces, le respondió:

> *Él entonces le dijo: Hijo, tú siempre estás conmigo, y todas mis cosas son tuyas. Mas era necesario hacer fiesta y regocijarnos, porque este tu hermano era muerto, y ha revivido; se había perdido, y es hallado.* Lucas 15:31-32

Cuando alguien está muerto, el Padre hace una fiesta; cuando alguien muere a la vieja naturaleza, Dios enciende la vida de Cristo y viene la fiesta, el anillo, el vestido. Y ese es el final de la parábola.

El bien y el mal, la naturaleza humana, son dos hermanos que viven peleándose. A veces nos creemos el hijo mayor (el bueno, el correcto), y otras veces el menor (el que actúa mal). Es interesante porque el menor, el "carnal", tuvo luz, pero el bueno no. Por eso Dios tuvo que intervenir para que el hermano mayor viera que no era tan bueno, porque la Biblia asegura que no hay bueno, ni siquiera uno. Esta es una verdad que tenemos que recibir y aceptar para ser libres en el nombre de Jesús. No hay justo, ni uno, por eso, la naturaleza humana es como los dos hermanos de la parábola: a veces somos uno, el bueno, y otras veces somos el otro, el que vive "la vida loca", por lo que siempre hay una lucha interna.

Es por esta razón que Pablo expresó: "¡Miserable de mí!". Pero un día sucedió algo maravilloso. En ese día tan especial, registrado en la agenda celestial, Dios envió a alguien para hablarnos de Cristo. El Espíritu Santo se encargó de iluminarnos y experimentamos una transformación interior, similar a la del hijo pródigo. En ese momento, le dijimos al Señor: "Ya no quiero vivir para mí mismo, deseo regresar al plan original. Dame la vida de Cristo". Y así, Cristo, una persona perfecta, divina, hermosa y maravillosa, con todas las virtudes perfectas y dueño de los cielos, la tierra y lo que hay debajo de ella, vino a vivir en nosotros. Cristo ha hecho su morada en nuestro corazón, y todos aquellos que lo hemos recibido como nuestro Señor y Salvador nos convertimos en nuevas criaturas. El oro de la naturaleza de Dios se ha depositado en nosotros de manera permanente.

ANDAR EN EL ESPÍRITU

En la Epístola a los Gálatas, en el capítulo 5, el apóstol nos plantea otra lucha: la elección entre vivir conforme a nuestra antigua naturaleza, y hacer lo que el bien y el mal dicten, o abandonar esa naturaleza y vivir en el Espíritu de Cristo, disfrutando la vida divina que vive en nosotros, que es el oro dentro de nuestro frágil estuche de barro.

"Andad en el Espíritu y no satisfagáis los deseos de la carne". Esto significa, literalmente, que debemos "dejar desempleada a la vieja naturaleza", no operar en ella, porque los deseos de la carne están en conflicto con el espíritu, y el espíritu se opone a la vieja naturaleza. Andar en el Espíritu implica disfrutar del Señor, mirarlo a Él a lo largo de todo el día. Nuestra tarea no es portarnos bien, porque cada vez que intentamos hacerlo terminamos fallando aún más. ¿Cuántas veces hemos dicho "Debo leer la Biblia"; y luego nos aburrimos y terminamos bostezando?

¿O hemos dicho "Tengo que ir a la reunión"; y después de dos meses de ausencia volvemos con energía, pero solo para dejar de ir nuevamente tres domingos después? Entonces, la clave está en andar en Cristo. Toda esta lucha está explicada en la Biblia. Incluso se puede comparar con las hermanas Marta y María. Marta se ocupaba de limpiar y organizar, pues quería que Jesús viera una casa impecable. Pero vivir en el alma, en el esfuerzo humano, nos lleva al agotamiento, a sentirnos destruidos. Por otro lado, María se sentó a los pies de Jesús y decidió disfrutar de Él. Ella dejó que el alma se ocupara de las tareas y eligió vivir la vida del que había venido a su casa: Jesús.

ANDAR EN EL ESPÍRITU IMPLICA DISFRUTAR DEL SEÑOR, MIRARLO A ÉL A LO LARGO DE TODO EL DÍA.

Vamos ahora a la parte práctica. ¿Qué significa "andar en el Espíritu" o "andar en Cristo"? Hay dos maneras de hacerlo. Veamos:

1. PRIMERA MANERA

Tomar nuestra naturaleza humana, lo bueno y lo malo, y dejarlo en la cruz para su muerte. Necesitas tomar el barro y decirle a Dios: "Señor, muéstrame lo bueno y lo malo en mí, mi alma y mi carne, y lo dejaré en la Cruz, porque yo no puedo darle muerte a mi propia naturaleza humana. No quiero luchar más, me rindo y lo dejo en la cruz, porque sé que tu cruz tiene el poder para poner fin a todo lo mío". Y así, el barro que tiras en el Altar se quema, mientras que el oro, que es Cristo, comienza a crecer en ti. Y ahora ya no eres barro con oro, sino oro con barro. Por eso, cada día, acércate al Altar y pídele al Señor que te muestre tu alma, porque tu carne sabe que, por ejemplo, robar está mal, y tu conciencia te acusa inmediatamente. Pero en tu alma está tu indiferencia hacia las cosas del Señor, tu apatía, el enfoque en tu propia agenda.

Observa lo que sucedió en las bodas de Caná. El vino se había acabado, por lo que Jesús convirtió el agua en vino, es decir, Él hizo un segundo vino, porque el primero se había agotado. La pregunta es: ¿por qué Jesús esperó a que se acabara? Si Él sabía que se estaba terminando, ¿por qué no hizo el milagro antes, para que no se acabara? Porque el primer vino representa la vieja naturaleza. El Señor esperará que se termine, y cuando lo haga dirá: "Ahora sí pondré de Mi agua en tu vasija y te daré de Mi naturaleza. ¡Voy a darte el mejor vino, pero solo cuando se acabe el tuyo!". ¡Todo lo tuyo se tiene que terminar!

Un día, Dios le anunció a Abraham: "Abraham, te voy a dar un hijo". Él tenía ochenta y seis años, y aún era fértil, pero Sara, su esposa, era estéril y no podía concebir. Fue por eso que Sara le dijo: "Mi amor, ten un hijo con la criada, y ella nos dará el hijo que Dios nos prometió". El alma es así: cuando estamos bien, cuando nos va bien, cuando nos suceden cosas bonitas, ella domina. Abraham intimó con Agar, y de esa relación nació Ismael cuando él tenía ochenta y seis años. Sin embargo, Dios esperó trece años más, hasta que Abraham tuvo noventa y nueve años y era impotente, sin espermatozoides vivos, para decirle: "Yo te daré un hijo, y ese hijo no será producto de tu fuerza, sino que será 100 % un milagro". Ismael es el producto de tu alma, de tu esfuerzo, de tu lucha, de tu trabajo, de tu inteligencia, de tus ideas brillantes, de los cursos que has hecho, de tus ganas de superarte. Abraham representa todo eso. Dios espera hasta que el alma muera. La carne, lo que nace del esfuerzo, peleará contra el Espíritu. Pero Dios esperará hasta que tu carne muera. Por eso, cuando nació Isaac, Abraham se circuncidó. Pablo afirma que nosotros también estamos circuncidados en el corazón, porque hemos llevado nuestra carne al Altar.

Durante tres años y medio, Jesús les enseñó una sola lección a los discípulos: *Separados de mí, nada podéis hacer.* El Señor quiere que entendamos que, sin Él, no somos capaces de lograr nada. Podemos intentarlo, sí, pero será como producir un Ismael, algo que está separado de Dios, y por lo tanto no tiene valor. Pablo también comprendió este principio y escribió: "Ya no vivo yo, sino que Cristo vive en mí". Él decidió renunciar a su propia fuerza, a su capacidad, y morir a todo lo malo y todo lo bueno en él, para que el Señor le diera a Isaac por gracia, por obra suya, por medio de un milagro. Pablo decidió andar en el Espíritu y dejar de vivir en la carne.

Cuanto más vivimos en el Espíritu, más muere la carne. La muerte de la carne es un proceso continuo. Analicemos el siguiente pasaje:

> *Hubo larga guerra entre la casa de Saúl y la casa de David; pero David se iba fortaleciendo, y la casa de Saúl se iba debilitando.* 2 Samuel 3:1

La casa de Saúl representa la vieja naturaleza y la casa de David representa la nueva naturaleza. Mientras la nueva naturaleza se iba fortaleciendo, la vieja naturaleza se iba debilitando. Necesitamos ir al Altar para debilitar lo nuestro hasta que no quede nada, para que el oro crezca y todo lo que Él es y tiene empiece a manifestarse. Él lo hará, porque es todopoderoso, porque todo lo podemos en Cristo que nos fortalece. ¡Andemos en el Espíritu!

2. SEGUNDA MANERA

Cuando vamos al Altar, dejamos morir lo viejo, y lo nuevo de Dios llega; dejamos morir al viejo vino y el nuevo vino aparece; dejamos morir a Ismael e Isaac nace. El Altar es un camino; pero también hay otro camino. Porque si bien Dios a veces nos muestra lo que debemos dejar morir, otras veces no lo hace. En ese caso simplemente vamos en el Espíritu, disfrutamos de Él, le hablamos a Él, lo buscamos a Él, nos deleitamos en su presencia.

CRISTO EMPEZARÁ A CRECER Y SE MANIFESTARÁ, Y TÚ COMENZARÁS A VIVIRLO

David decía: "Tengo hambre de ti, Señor". ¡Mira qué sencillo! No es necesario hacer un curso, simplemente basta con decirle de corazón: "Señor, te anhelo. Eres todo para mí". Es necesario que mueras a cuestionamientos tales como "¿cómo tengo que orar?" o "¿qué mandamientos tengo que guardar?". En lugar de eso, habla el lenguaje divino y repítelo a lo largo del día mientras haces tus tareas cotidianas, por ejemplo: "Señor, estoy en ti y tú en mí", o "Señor, cúbreme y sé mi persona". De esta manera, Cristo empezará a crecer y se manifestará, y tú comenzarás a vivirlo y a disfrutarlo de manera sencilla.

¿CÓMO SABER SI ESTOY ANDANDO EN EL ESPÍRITU?

Si estás andando en Cristo, ocurrirán dos cosas en tu vida. En primer lugar, Cristo será precioso para ti. ¿Es Cristo precioso para ti? ¿Es más precioso hoy que ayer? Tal vez respondas que sí; pero quizá mientras adoramos en la reunión estás pensando en lo que debes hacer apenas salgas. En segundo lugar, si estás andando en el Espíritu, sentirás hambre por el Señor. ¿Sientes hoy más hambre de Él que ayer? ¿Hay más pasión por Él en tu corazón? ¿Deseas más de Él?

Ahora bien, ¿cómo se expresa Cristo en ti? A veces, ni siquiera te das cuenta, pero quizá tu rostro brilla como el de Moisés. Es algo que ocurre espontáneamente, porque es la ley de la vida. Cristo se expresa a lo largo del día y comienza a guiarte.

Un gran hombre de Dios cuenta que una vez Dios lo guio a que entrara al espacio de un restaurante en un centro comercial. No había nadie en el lugar, pero el Señor le indicó que predicara. El pastor obedeció. No había nadie, pero predicó e hizo la oración de entrega como si el lugar estuviera lleno de personas, aunque estaba vacío. Diez años después, un hombre le compartió su testimonio. Le contó que él estaba escondido en la cocina, y que ese día, luego de escucharlo predicar, se convirtió a Cristo. ¡Así es la guía de Dios! El Señor te llevará a hacer cosas raras, pero Él se expresará con toda su fuerza, su poder y sus recursos.

La Palabra, en 2 Reyes 4, narra la historia del hijo de una mujer que había muerto. La mujer lo dejó en la cama y fue a buscar a Eliseo. Al llegar a la casa del profeta Giezi, su asistente, la recibió. "¡Mi hijo está mal! ¡Está muerto!", le explicó. Eliseo le dio su báculo y le dijo a Giezi que fuera a la casa del niño y le tocara la cara con el báculo. Giezi corrió hacia allá, entró en la habitación y tocó la cara del niño con el báculo, pero nada ocurrió, el niño siguió muerto. Giezi salió, y cuando Eliseo le preguntó qué había pasado, respondió: "Nada, el niño está muerto".

¿Qué había pasado? La noticia le había activado el alma a Eliseo, por eso le había dado el bastón a Giezi y le había indicado qué tenía que hacer. Esa era la razón por la que había fallado. Consciente de su error, el profeta le dijo a la madre que se quedara afuera. Luego entró a la habitación, cerró la puerta y esperó la carga. ¡Lo primero siempre tiene que ser buscar a Dios para que Él nos dé su voluntad! No hagas nada, no digas nada, no decidas nada si primero no disfrutas de Él. No utilices el báculo, porque no te va a funcionar. La guía de Dios llegó y le dijo a Eliseo que se tendiera sobre el niño, que estaba frío como un cadáver. Eliseo se tiró sobre él, mano con mano, cara con cara, y el niño entró en calor, porque, cuando andamos en el Espíritu, nos lanzamos allí donde hay muerte, y la muerte recibe el fuego de Dios. ¡Todo lo que toquemos recibirá calor divino! El niño entró en calor, pero seguía muerto. Sin embargo, Eliseo no se rindió. No se fue de la casa sin ver el poder de Dios manifestado. Dio la vuelta y se tendió sobre el niño por segunda vez.

¿Por qué se tendió nuevamente si la primera vez no había pasado nada? Eliseo había entendido que no debía apresurarse y debía disfrutar del Señor. Si el primer Altar no funcionó y estás peor que antes, si usaste un método y te falló, vuelve a entrar en la presencia de Dios. La Palabra no dice que Eliseo oró; él solo estuvo en intimidad con Dios y automáticamente la guía lo condujo a tenderse nuevamente sobre la criatura. Esta vez, el niño estornudó y se levantó. A veces, Dios no te va a dar el milagro al instante, para enseñarte que anhela que te quedes con Él un poco más. Si lo hace rápidamente, el alma podrá activarse. Lo que el Señor desea es que no te vayas rápido de su presencia.

El hecho es que no importa lo que tarde el milagro, sigamos buscándolo, porque Cristo traerá la victoria. ¡Fuimos creados para ser vasos y vivir su vida!

CAPÍTULO 4

HOMBRES DE ORO

ADMINISTRADORES DEL MISTERIO

En los capítulos anteriores aprendimos que fuimos creados para vivir la vida divina. Dios nos creó para ser un vaso, para vivir su vida y compartirla con los demás, y no debemos distraernos de ese objetivo. Es por eso que necesitamos tener en claro el diseño o plan de Dios para nosotros.

Observa el siguiente gráfico:

Génesis 2	**1. VASO DE BARRO**	
	2. ÁRBOL DE VIDA →	**"YO SOY LA VIDA"**
	3. RÍO QUE FLUYE →	**"DE TU INTERIOR CORRERÁN RÍOS"**
	4. ORO Y PIEDRAS PRECIOSAS →	**"LAS RIQUEZAS DE CRISTO"**
	5. MUJER →	**"EL CUERPO DE CRISTO"**

En el capítulo 1, Pablo afirma que Dios nos separó con el objetivo de revelarnos a Cristo. El objetivo del Padre es mostrarnos a Cristo, presentarnos a Cristo, que Él se nos revele y que lleguemos a conocerlo.

Génesis 2 relata que Dios hizo al hombre del polvo de la tierra. Lo creó como un vaso de barro y lo ubicó en el jardín del Edén. En el medio del Edén, también puso el árbol de la vida. Cerca del árbol de la vida había un río que fluía y que producía oro y piedras preciosas. La Biblia también narra que Dios durmió a Adán, le sacó una costilla y le hizo una mujer: Eva. ¿Qué representa todo esto? ¿Es un mito? ¿Es un símbolo? No, es algo mucho más profundo. ¿Por qué hay un vaso de barro, el árbol de la vida, un río, piedras preciosas y una mujer?

Cuando Cristo vino, nos trajo luz e iluminó el cuadro grande de Dios. El árbol de la vida es Cristo, como Él mismo lo afirmó al decir: "Yo soy la vida". La vid también representa a Cristo, un árbol bajo que crece hacia los costados. Así, el árbol de la vida, de donde el vaso va a comer, simboliza a Cristo, quien es la vida misma.

Génesis 2 también habla de un río que fluye, y Jesús afirmó que si Él entra en nuestra vida, producirá un río que salta para la vida eterna. Es decir, Él nos dará su vida, la cual es un fluir, un movimiento constante. El río de Génesis es un símbolo de Cristo, y en Él hallamos oro y piedras preciosas. El oro representa a Cristo y las piedras preciosas son lo que el río trae. La mujer, por su parte, es el cuerpo de Cristo. Él murió (fue dormido como Adán) en la cruz y, desde dentro de Él, salió una mujer, la novia, que es el cuerpo de Cristo; es decir, todos nosotros. Como vasos que somos, comemos a Cristo y junto con Él, sus riquezas, su carácter, su poder, su fuerza, su amor, su sabiduría, su victoria nos llenan de tal manera que ahora compartimos esa vida con las personas, quienes se van sumando al cuerpo de Cristo.

TODOS NOSOTROS FUIMOS CREADOS PARA SER UN VASO, RECIBIR LA VIDA DE CRISTO, DISFRUTARLO Y COMPARTIRLO.

Todo eso nos describe Génesis, pero ¿sabías que Apocalipsis presenta un árbol, un río, oro y una novia crecida que representa el cuerpo de Cristo? ¡En Apocalipsis vemos la consumación de todas las cosas! Lo que en Génesis es un esbozo, un plano, en Apocalipsis está terminado, y viviremos por siempre con Él. Ahora observa lo que el apóstol Pablo escribió en Efesios:

> *Leyendo lo cual podéis entender cuál sea mi conocimiento en el misterio de Cristo, misterio que en otras generaciones no se dio a conocer a los hijos de los hombres, como ahora es revelado a sus santos apóstoles y profetas por el Espíritu.*
>
> Efesios 3:4-5

Pablo tenía un misterio para compartir: el misterio de Cristo. Se trataba de un misterio que nadie hasta ese momento conocía. Abraham no lo sabía; Moisés no lo sabía; David, Isaías, Jeremías, Ezequiel, Daniel, Joel, Amós, Abdías, Jonás, Miqueas, Nahúm, Habacuc, Hageo, Sofonías, Zacarías, Malaquías, Juan el Bautista... ¡nadie lo había entendido por completo! ¿Cuál era el misterio que se le reveló a Pablo? Que todos nosotros fuimos creados para ser un vaso, recibir la vida de Cristo, disfrutarlo y compartirlo.

Este misterio se nos reveló a partir de la resurrección de Cristo a todos nosotros.

> *Si es que habéis oído de la administración de la gracia de Dios que me fue dada para con vosotros.* Efesios 3:2

Y en el v. 2, el apóstol expresa: "Nosotros somos administradores del misterio. Somos como José, que daba pan, daba a Cristo. Ahora nosotros repartimos el misterio, damos a conocer el misterio". Tú y yo somos mayordomos. Nuestra responsabilidad es cuidar y administrar el misterio que hemos descubierto. Dios quiso compartir su naturaleza con nosotros, y si comes de Cristo, un río fluirá dentro de ti, trayendo las virtudes y riquezas de Cristo, milagros y su poder, llenándote de una vida sobrenatural".

Cuando Cristo vino, declaró: "Yo soy el árbol, Yo soy la vida, Yo soy el río, Yo soy el oro, Yo soy la piedra preciosa; y Eva es la Iglesia, el Cuerpo, la gente que voy a bautizar y que se va a sumar a mi cuerpo". Y Pablo explicó: "Nadie entendió con claridad este misterio en el pasado, pero ahora nos fue revelado. No fuimos creados simplemente para servir a Dios, tener un ministerio o formar una familia. Nuestro propósito más profundo es ser vasos de barro, receptáculos de la vida eterna del Dios eterno, para vivir y disfrutar su presencia eternamente.

A la vida humana, que ya era linda, Dios le sumó su imagen, es decir, sus virtudes. El Señor sembró una semilla de amor en nosotros.

¿Por qué amamos?

¿Por qué sentimos amor por nuestros hijos?

¿De dónde proviene ese sentimiento?

¿O por qué buscamos la verdad?

¿Por qué nos atrae la justicia?

¿Por qué anhelamos progresar y crecer?

Todas estas inclinaciones son instintos, virtudes que reflejan la imagen de Dios que Él depositó en nuestra mente. Sin embargo, cuando el ser humano comió del árbol del conocimiento del bien y del mal, introdujo veneno: la naturaleza carnal. Pablo también explica que el hombre se enfrenta ahora a una lucha constante entre el bien y el mal. Somos seres en conflicto interior.

Entonces el hombre a través de la educación, el entretenimiento, el trabajo, las filosofías y las religiones, intenta aumentar las virtudes y reducir los defectos de esta lucha, buscando la manera de equilibrar estas fuerzas opuestas que habitan en nosotros.

Pablo, en su Epístola a los Gálatas, asegura que esta lucha nos hace miserables. Sin embargo, un día alguien nos habló de Cristo y quizá, sin comprender completamente, decidimos recibirlo en nuestra vida como nuestro Señor y Salvador. Cristo entró en nuestra naturaleza caída y ahora poseemos una nueva naturaleza perfecta y eterna. Todas las virtudes y riquezas de Cristo, toda su perfección ahora está en nosotros, lo que nos permite decir que todo es de nuestro Señor, y Él vive en nuestro espíritu. ¡Ahora tenemos otra naturaleza!

Así es como en nuestra vida coexisten dos naturalezas: la humana, donde luchamos entre el bien y el mal, y la naturaleza de Cristo, que nos brinda vida, paz, amor y triunfo. ¡Podemos disfrutar de las riquezas de Cristo y vivir en victoria!

Ahora, el objetivo es disfrutar al Señor, amar y caminar con Cristo diariamente para que Él, el oro, crezca en nosotros. De esta manera, sus virtudes, su sabiduría, sus palabras se manifiestan a través de nosotros y nuestras necesidades son suplidas. ¡Él se encarga de todo! Y podemos declarar: "Jehová ha sido mi pastor, nada me ha faltado". Ya no nos distraemos con pensamientos sobre cómo mejorar, cuándo hacerlo o de qué manera lograrlo, sino que nos enfocamos en disfrutar a Cristo y vivir en su presencia.

EL OBJETIVO ES DISFRUTAR AL SEÑOR, AMAR Y CAMINAR CON CRISTO DIARIAMENTE

LA CLAVE ES EL ALTAR

El siguiente cuadro, basado en Isaías 61:1-3, es una radiografía de la carne, de la naturaleza humana, de nuestra vida caída:

ISAÍAS 61:1-3

VIEJA NATURALEZA	NUEVA NATURALEZA
ABATIDO	BUENAS NUEVAS
QUEBRANTADO	SANIDAD
CAUTIVO	LIBERTAD
PRESO	APERTURA
CENIZA	GLORIA
LUTO	ÓLEO DE GOZO
ANGUSTIA	MANTO DE ALEGRÍA

El Espíritu de Jehová el Señor está sobre mí, porque me ungió Jehová; me ha enviado a predicar buenas nuevas a los abatidos, a vendar a los quebrantados de corazón, a publicar libertad a los cautivos, y a los presos apertura de la cárcel; a proclamar el año de la buena voluntad de Jehová, y el día de venganza del Dios nuestro; a consolar a todos los enlutados; a ordenar que a los afligidos de Sion se les dé gloria en lugar de ceniza, óleo de gozo en lugar de luto, manto de alegría en lugar del espíritu angustiado; y serán llamados árboles de justicia, plantío de Jehová, para gloria suya.

Isaías 61:1-3

En la vieja naturaleza está el abatimiento, el quebrantamiento, la cautividad, el llanto, el luto, el dolor por la pérdida, la angustia. ¿Atravesaste alguna vez alguna de estas circunstancias? Seguramente sí, como todos. No obstante, el pasaje de Isaías 61 nombra de forma paralela lo que la naturaleza celestial nos brinda. Este es el pasaje que leyó Jesús para inaugurar su ministerio. Él dijo:

Yo soy las buenas noticias. Yo soy la sanidad.

Yo soy la libertad. Yo soy la apertura. Yo soy la gloria.

Yo soy el óleo de gozo.

Yo soy el manto de alegría.

Y, si estás abatido, Yo te doy buenas noticias. Si estás quebrantado, Yo te doy sanidad.

Si estás cautivo, Yo te doy libertad. Si estás preso, Yo te doy apertura.

Si viniste con ceniza, Yo te doy gloria. Si estás llorando, Yo te doy óleo de gozo.

Si estás en angustia, Yo te doy un manto de alegría.

Cuando andamos en Cristo, cuando vivimos a Cristo, nosotros menguamos y Él empieza a crecer y crecer, y ahora ya no luchamos con la tristeza, el llanto o el luto, sino que vivimos una vida divina, con buenas noticias, con sanidad, con libertad, con apertura y alegría.

Entonces, ¿qué debemos hacer para que Cristo (el oro) crezca y la vieja naturaleza (el barro) se disuelva? La clave está en practicar el Altar. Al morir a lo nuestro, Cristo aumenta en nosotros. Así, el Altar, que es la cruz, libera a Cristo en nosotros, y el oro toma el lugar del barro, transformándonos por completo. La transformación es una semilla pequeña y redonda que, al ser plantada y crecer, cambia su forma para transformarse en un tallo con flores. ¿Qué pasó con la semilla? Fue cambiada de forma, ya no tiene nada de la forma vieja. De la misma manera, nuestra naturaleza no se puede mejorar, sino que debe morir para que Cristo crezca en nosotros. El secreto está en el Altar, donde dejamos nuestras viejas formas y somos transformados por el Señor.

Jacob era un hombre engañador. Lo único que sabía hacer era arrebatar. Le arrebató al hermano la primogenitura; arrebató a Raquel, la mujer que quería; intentó arrebatarle al suegro su campo. Pero llegó un momento en el que puso una piedra como almohada y se recostó para descansar. Fue entonces cuando Dios le dio un sueño. Jacob vio una escalera con ángeles subiendo y bajando. Dios le estaba mostrando que su propósito era traer lo celestial a lo terrenal. Jacob se levantó y ungió la piedra con aceite, declarando que aquel lugar era la casa de Dios, llamándolo Betel. Parecía que había entendido; sin embargo, le dijo al Señor: "Si me das vestido y comida, si me ayudas con mi hermano que me persigue, si me prosperas, entonces serás mi Dios y, además, te daré el diezmo de todo lo que me des" (Génesis 28:20-22). No había entendido que, si Dios te da la vida de Él, en ella está todo lo que te hace falta y mucho más. Pero el Señor dijo: "No te dejaré hasta que haya cumplido mi propósito".

Pasaron veinte años, y Jacob siguió haciendo lo que quería, viviendo en su naturaleza carnal, engañando y huyendo. Hasta que un día llegó a una ciudad llamada Peniel, y allí se le apareció el ángel del Señor. Ambos comenzaron una gran pelea. La Escritura relata que el ángel del Señor lo golpeó en la cadera, dejándolo rengo, y entonces fue bendecido. Las bendiciones de Dios no siempre son lo que esperamos; en este caso, el golpe en el muslo representó una bendición, porque el Espíritu Santo siempre nos guía hacia el Altar, y el Altar siempre trae bendición.

¿Por qué el ángel le pegó en el muslo? Porque el muslo es la parte más fuerte del cuerpo. El Señor le tocó a Jacob su autosuficiencia y su fortaleza.

Pedro era fuerte en la pesca. Sin embargo, Dios permitió que no pescara nada en dos ocasiones. Moisés era un experto en liderazgo, pero Dios dijo: "¿Así que eres un gran líder?", y lo puso a prueba llevándolo al desierto durante cuarenta años. Allí lideró a ovejas. Porque Dios no se preocupa por los resultados, no le interesa si te salió bien, sino que Cristo sea el que actúe en nosotros, el que haga la obra.

En Hebreos 11, la Escritura menciona a los héroes de la fe, personas que enfrentaron pruebas y desafíos, como Daniel, que tapó la boca de los leones, o Sadrac, Mesac y Abed-nego, que sobrevivieron al fuego. Sin embargo, no se mencionan milagros de Jacob en ese pasaje. Observa lo que dice La Palabra sobre él:

> *Por la fe Jacob, al morir, bendijo a cada uno de los hijos de José, y adoró apoyado sobre el extremo de su bordón.*
>
> Hebreos 11:21

Jacob al morir bendijo a cada uno de los hijos de José y adoró apoyado sobre el extremo de su bastón. ¿Por qué está en la lista de los héroes si no hizo ningún milagro? Porque aquel que muere en el Altar para Dios es un héroe. Esos son los héroes que se mencionan en Hebreos 11. Dios no le sanó el muslo, sino que le dejó el recuerdo, y Jacob pudo bendecir a sus generaciones. Uno solo crucificado tiene el poder para soltar bendiciones a muchos.

Otra manera en la que Cristo crece es a través de la invocación. Puedes hablarle a Él y decirle a lo largo de todo el día, por ejemplo: "Señor, soy uno contigo". Así, lo contactas a Él y comienzas a disfrutarlo.

Aquí te comparto algunas frases que puedes expresarle de corazón al Señor:

- "Soy uno Contigo".

- "Que Cristo crezca".

- "Mi vida está en ti".

- "Te amo, Cristo".

- "Cúbreme, sé mi persona".

Cuando caminamos con Dios, cada paso que demos será en victoria, con vida y paz. Así, el Señor comienza a manifestarse de manera automática a través de nosotros. Pero ¿cómo reconocemos que es la fuerza de Dios y no es nuestra naturaleza vieja engañándonos? Esto se debe a que, cuando la vida y la paz de Cristo salen, permanecen. Aunque las cosas no salgan como esperas, estás en paz, no te desesperas frente a los obstáculos, porque Dios guía tus pasos. "Señor, si me estás reteniendo acá, es porque hay propósito", y te das cuenta de que Cristo está creciendo en ti.

CUANDO CAMINAMOS CON DIOS, CADA PASO QUE DEMOS SERÁ EN VICTORIA, CON VIDA Y PAZ.

El oro está aumentando en nosotros y el barro está disminuyendo. Te propongo que compartamos, que repartamos al

Cristo que vive en nosotros, para que otras personas también se unan al cuerpo de Cristo.

CAPÍTULO 5

SER RENOVADOS

ADMINISTRADORES DE SU MISTERIO

Como vimos hasta aquí, la carga principal de la Epístola a los Gálatas es no distraerse de Cristo. Porque, cuando te distraes de Él, pierdes toda la victoria, todo lo que el Señor tiene para ti. El plan grande de Dios, al que Pablo llama "misterio", es que fuimos creados para recibir su vida, disfrutarla, vivirla y compartirla. Esta revelación no le fue dada a los profetas, sino que nos fue entregada cuando Cristo vino. Pablo, inspirado por Dios, lo llamó "el misterio de Cristo". Jesús vino a restaurar el plan original, a tomar este vaso de barro que somos, limpiarlo y llenarlo de su vida para que podamos vivir en Él y compartirlo con los demás.

Entonces, ¿para qué llamó Dios a Abraham? Para que sea un vaso. ¿Para qué le dio un hijo? Para que Abraham llenara el vaso que era Isaac. A Isaac le dio dos hijos: Esaú y Jacob. ¿Para qué le dio dos hijos? Para llenar esos dos vasos. Del mismo modo, Dios nos da gente para que sea llenada por nosotros. El Señor nos pone compañeros, familia, conocidos para que nosotros los llenemos, porque el plan de Dios es que seamos vasos que disfrutan del Señor y que se vacían en otros.

Cuando Dios nos mira, ve a mayordomos, es decir, a personas que administran. ¿Y qué debemos administrar? El misterio. Tu tarea es enseñarles a los demás que eres un vaso para ser lleno de la vida de Cristo y compartirla. Si sabes administrar ese misterio, podrás administrar cualquier tarea, por lo que el Señor pondrá todo tipo de bendición en tus manos. Observa cómo expresó esto el apóstol Pablo en 1 Corintios 4:1: *Así, pues, ténganos los hombres por servidores de Cristo, y administradores de los misterios de Dios.* El apóstol dijo: "Yo soy como José". José repartía pan; y nosotros, el diseño.

Nuestra tarea no es decirle a la gente que se va al infierno, ni que tenga fuerza, sino darles el plan original de Dios para que ese recipiente reciba la vida divina, para que sea lleno de ella, para que disfrute de las riquezas de Cristo y las comparta con otros. Es importante entender que si manejamos y administramos bien este misterio, Dios nos dará todo lo que necesitemos. Él no tiene problema en hacerlo, porque de Dios son el oro y la plata. El Señor nos puede dar gente, dinero, casas, viajes, ¡lo que sea! Porque aquel que maneja bien este misterio y lo cuida, puede administrar cualquier asunto.

UN CAMBIO DE FORMA

Profundicemos un poco más en las dos naturalezas que tenemos: la naturaleza de barro y la naturaleza de oro, la humana y la de Cristo. Cada naturaleza tiene materiales, y podemos construir con materiales humanos o con materiales de Cristo. Pablo aclara que hay tres materiales para la carne y tres materiales para Cristo.

	MADERA	**ORO**
1 Corintios 3:12	**HENO**	**PLATA**
	HOJARASCA	**PIEDRAS PRECIOSAS**

Veamos:

En 1 Corintios 3:12 se nos dice que no debemos construir con madera, heno o hierba seca u hojarasca, es decir, con los materiales de la naturaleza humana. La madera, el heno, las hojas, la hierba, representan la naturaleza humana. Si edificamos con estos materiales y llega el fuego, todo se quemará, porque los materiales humanos no son duraderos. El heno y la hierba simbolizan las partes buenas de nosotros, como nuestras virtudes y nuestras opiniones personales. Sin embargo, incluso estas partes buenas pueden ser consumidas por el fuego, especialmente cuando tenemos una fuerte opinión propia. Nuestras virtudes: empatía, inteligencia, estudios, esfuerzos, amor, bondad, servicio, dones y ministerio, todo eso es como hierba para los animales. Luego, está la hojarasca que representa nuestra parte mala, como la envidia. Construir con estas hojas secas es construir con lo malo.

En Gálatas 5, el apóstol Pablo menciona numerosos aspectos malos de la carne (adulterio, fornicación, inmundicia, lascivia, idolatría, hechicerías, enemistades, pleitos, celos, iras, contiendas, disensiones, herejías, envidias, homicidios, borracheras, orgías) y advierte que aquellos que edifiquen con estos materiales también tendrán malos resultados, ya que también se prenderán fuego. Y es que todos los materiales humanos, tanto lo bueno como lo malo, no sirven. Al respecto, Pablo dijo: "Si tengo que hablar de mi carne, de lo bueno mío, debo decir que tengo linaje judío, soy fariseo y me formé con Gamaliel, conozco la Torá en profundidad, pero ahora tengo todo eso por basura. He comprendido que solo tengo que construir con Cristo, porque Él es oro, plata y piedras preciosas".

La naturaleza de Cristo es de otra dimensión. El oro es incorruptible, inmodificable y no es algo producido; el oro simplemente es, y esa es la naturaleza del Señor. Además del oro, dentro de la naturaleza de Cristo se encuentra la plata, que simboliza la cruz, y las piedras preciosas, que representan las virtudes de Cristo. Es decir, la plata es el ser de Cristo y las piedras preciosas son el hacer de Cristo, lo que Él tiene y nos da. Entonces, debemos elegir si construir con nuestros propios recursos (tanto lo bueno como lo malo), o si construir con Cristo. Si optamos por edificar con Cristo, estaremos utilizando oro, piedras preciosas y la cruz de Cristo. Pablo nos enseña que cuando vengan las pruebas, las enfermedades e incluso la muerte, nada podrá vencernos porque somos más que vencedores en el material eterno, y ese material es Cristo.

Tenemos que edificar con Cristo, pero ¿cómo aumenta Él, su material, en nosotros que somos la casa? Pablo utiliza una palabra que veremos en los próximos capítulos: "transformación". El Padre toma los materiales de Cristo y con ellos nos transforma a la imagen del Hijo. Dios toma a Cristo y nos transforma a su imagen, a su forma.

NADA PODRÁ VENCERNOS PORQUE SOMOS MÁS QUE VENCEDORES EN EL MATERIAL ETERNO, Y ESE MATERIAL ES CRISTO.

Expliquemos este concepto. ¿Qué significa "transformación"? La transformación es un cambio metabólico de adentro hacia afuera. No se trata de un cambio superficial, sino de un cambio metabólico, profundo. Por ejemplo, si estamos pálidos, podemos maquillarnos, pero eso es un cambio superficial. En cambio, si tomamos vitamina C o nos alimentamos de manera adecuada, nuestro color de piel cambiará. Eso es la transformación, un cambio interno, un cambio de vida, un cambio metabólico. Los cambios superficiales requieren que nos controlemos, que nos portemos bien, que dejemos de fumar o de consumir sustancias. Sin embargo, esos cambios son solo maquillaje que tarde o temprano se desvanece. Pero, cuando el cambio es metabólico, de adentro hacia afuera, cuando comemos a Cristo, algo de nosotros muere y algo de Cristo se nos añade; algo del barro desaparece y algo de oro se nos añade. De esto se trata la transformación.

Éramos barro, pero ahora el Padre utiliza a Cristo, piedra preciosa, la cruz y la vida de Cristo, para transformarnos, para cambiar nuestra forma. Para explicar esta transformación, veamos estos tres ejemplos:

a. **La petrificación.** En la naturaleza se produce un proceso llamado "petrificación". Cuando una madera está enterrada durante muchos años bajo tierra, sufre un cambio celular y los minerales penetran en ella. La madera deja de ser madera y se transforma en mineral. Del mismo modo, Dios toma tu emoción de amor, que es barro, y la pulveriza para convertirla en una emoción de amor de oro, de amor de Cristo. O toma tu sabiduría, que es barro, y la disuelve, la aniquila, y añade la sabiduría divina de oro, que es Cristo. Ya no eres tú, ahora está Cristo viviendo en tu interior. Tu forma ha sido transformada; antes eras madera, pero ahora eres una piedra preciosa. Esto es lo que ocurrió con Simón. Jesús le dijo: "Simón, eres barro, pero te llamaré 'Piedra' (Pedro), porque voy a transformarte".

b. **De carbón a diamante.** ¿Cómo se forma un diamante? Un diamante es un trozo de carbón al que se le aplicó presión y calor durante un tiempo indefinido. La presión y el calor lo transforman en un diamante. De manera similar, nosotros seremos transformados a la imagen gloriosa del Hijo de Dios. Así vivimos, siendo transformados a la imagen de Cristo, porque el Padre no edifica una casa con carbón, sino con piedras preciosas.

c. **De semilla a flor:** También podemos ver esta transformación en la naturaleza a través de una semilla. ¿Cómo se transforma una semilla en un tallo, en una flor? Es un cambio extraordinario de forma, como lo es el de la oruga que se convierte en mariposa.

A Dios le encanta tomar lo que es barro y transformarlo. Muchas personas expresan: "Dios me ama tal como soy. Ama mi sexualidad, ama mi manera de pensar, ama todo de mí". Y así es, Dios nos ama como somos, pero no nos dejará así, porque lo bueno y lo malo son consumidos por el fuego. Justamente, porque nos ama, Dios interviene y dice: "Te amo, ven tal como eres, porque voy a transformarte a la imagen de Cristo. Todo lo tuyo, lo bueno y lo malo, irá al fuego y serás un vaso con la forma de Cristo porque para eso te creé". Del mismo modo solíamos ser de una manera con la ley del bien, la ley del mal y la ley externa o religiosa de Dios. Pero todo eso murió, y ahora estamos hechos de diamantes. Algo de nosotros murió y algo de Cristo se nos añadió.

Observa cómo Pablo les explica la transformación a los corintios:

> 1 Corintios 3:9: *Porque nosotros somos colaboradores de Dios, y vosotros sois labranza de Dios, edificio de Dios.*

Somos huerto y edificio de Dios. Además, el v. 16 también afirma que somos templo del Señor. Es decir, primero dice que somos plantas, pero Dios no nos deja así, sino que nos lleva a ser casas de piedras preciosas. Cristo vive en nosotros; nuestra mente es la mente de Cristo, nuestras emociones son las emociones de Cristo, nuestra vida eterna es la vida eterna de Cristo y nuestras fuerzas son las fuerzas de Cristo. Nuestra tarea, entonces, es decirle al Señor: "Transfórmame, Padre, moldéame, quita el barro y añade más de Cristo. No quiero edificar más con mis gustos, mis preferencias, lo que siento o mis costumbres. No quiero mirar al otro, ni hablar del otro, ni querer agradar al otro, ni pelearme con el otro. Deseo morir a eso para que Cristo crezca en mí y yo sea una casa llena de la presencia de Dios".

¿Qué ocurre si a un copo de algodón o a un trozo de tela los sumergimos en colorante? Simplemente sin sufrimiento, sin dificultad, se tiñe. Así deberíamos ser nosotros. Sin embargo, somos madera, somos mármol, somos duros. Cristo quiere teñirnos, transformarnos, inyectarnos su vida, pero nos resistimos. La buena noticia es que el Señor no nos va a soltar, Él nos va a transformar, nos va a hacer oro, porque fuimos separados desde el vientre de nuestra madre. Entonces, ¿qué hace Dios con el mármol? Lo rompe con las circunstancias. Pablo lo expresa de manera magistral:

> Romanos 8:28: *Y sabemos que a los que aman a Dios, todas las cosas les ayudan a bien, esto es, a los que conforme a su propósito son llamados.*

Todas las cosas ayudan a bien. Cuando leía este versículo, entendía que, si me echaban del trabajo, por ejemplo, conseguiría uno mejor, pero no es eso lo que Pablo está diciendo. Lo que el apóstol declara es que el objetivo del Señor no es darnos un trabajo mejor, lo cual es muy básico. Su meta es formar a Cristo. Ese es el bien eterno, que seamos de material Cristo, que su mente sea nuestra mente, que seamos uno con Él: dos naturalezas, un solo vivir, un vaso lleno de oro. Ahora bien, si somos algodón, si no nos resistimos, el Señor nos trata sin problema. Sin embargo, si somos duros, Dios tendrá que usar todas las cosas (tu esposo, tu esposa, tu hijo adolescente, tu jefe, tu vecino, la enfermedad, la traición, la deuda), las cuales serán el martillo de Jehová que va a quebrantarte. ¡Dios va a usar todo para formar a Cristo en ti! Por eso, no seas mármol, no seas barro duro, ¡ríndete y muere en el Altar! Observa cómo continúa el pasaje:

> Romanos 8:29: *Porque a los que antes conoció, también los predestinó para que fuesen hechos conformes a la imagen de su Hijo, para que él sea el primogénito entre muchos hermanos.*

La transformación del Señor aniquila el barro, por eso no tienes que luchar con tus hábitos negativos, por ejemplo. No le pidas a Dios que te sane de algo, en lugar de eso ¡pídele que lo mate, que termine con eso! Cristo tiene el poder para ponerle fin. En la cruz, Él mató nuestra vieja naturaleza y abrió el camino para demos fin a lo nuestro. Cuando lo rendimos a Él, Dios nos añade piedras preciosas (la virtud de Cristo, la fuerza de Cristo, el gozo de Cristo, el amor de Cristo, el poder de Cristo). Lo único que debemos hacer es andar en Cristo y disfrutarlo a Él.

CRISTO VA AUMENTANDO Y NOSOTROS VAMOS DISMINUYENDO, HASTA QUE LLEGUEMOS A SER UNA PIEDRA PRECIOSA EN SUS MANOS.

Dios está usando todas las cosas para formarnos. Él está conformándonos, es decir, formándonos a la forma de Cristo. Cristo es el molde que Dios utiliza, y nosotros somos la masa. Dios nos dice: "Te voy a conformar a la imagen del Hijo". Si nos resistimos, Él usará las dificultades, los problemas con la familia, las deudas, las tentaciones carnales y todas las circunstancias para hacerlo. Y lo último que entrará en el molde es este cuerpo, que será cambiado al cuerpo eterno de Cristo. ¡Qué hermoso es el Señor! Él nos está amasando, moldeando. Algunas cosas ya son de Cristo, pero todavía hay barro en nosotros. Por eso, tenemos que pedirle: "Trabaja en mí, Señor. Sé que soy un poco de mármol, como Pedro, pero Tú vas a romperme hasta conformarme completamente a la imagen de Cristo".

CÓMO SOMOS TRANSFORMADOS

Dios toma una emoción, como la inconstancia, y, en lugar de mejorarla, la quema y la reemplaza con la constancia de Cristo. Entonces, ya no tienes que superarte, trabajar o mejorar eso, porque ahora el material de Cristo se impregnó en ti. El Señor hace esto todos los días con cada uno de nosotros. Toma una emoción y nos dice: "Dame tu miedo, tu vergüenza, tu ansiedad, tu extroversión, que lo someteré a la cruz, lo aniquilaré, lo pulverizaré, y añadiré el oro de Cristo". Así, algo de nosotros muere y algo nuevo de Él se nos añade. Nuestra naturaleza humana no sirve, por lo que debe ser quemada para que la naturaleza de Cristo, que es divina, que es piedra preciosa, que es victoria, se nos añada. Con ese material, Dios nos transforma: quita algo de barro y aumenta el oro; quita algo de emoción humana y pone emoción divina; quita algo de inteligencia humana y agrega inteligencia divina. De modo que Cristo va aumentando y nosotros vamos disminuyendo, hasta que lleguemos a ser una piedra preciosa en sus manos. ¡El que empezó esa obra la va a terminar! Ahora bien, ¿cómo hacemos para ser transformados? Observa el siguiente pasaje:

> Gálatas 5:16: *Digo, pues: Andad en el Espíritu, y no satisfagáis los deseos de la carne.*

En tu espíritu vive el Espíritu Santo y, si andas en Él, los deseos de la carne se anularán, la vieja naturaleza quedará bloqueada, tus emociones cambiantes y tus virtudes no funcionarán porque ahora funciona todo lo de Cristo.

¿Por qué? Porque estás andando todos los días en Cristo, y si disfrutas de Él todos los días, nada de lo viejo tendrá poder sobre tu vida, porque has sido transformado. ¿Qué significa exactamente "andar en Cristo"? La palabra andar es *peripatéo* (περιπατέω) y hace referencia al caminar diario. Según un estudioso griego, *peripatéo* es un camino que ya sabes de memoria, el camino por el que vas siempre.

"AQUÍ ESTOY, SEÑOR. TE DISFRUTO. SOY UNO CONTIGO. TU VIDA ESTÁ EN MÍ, MI VIDA ESTÁ EN TI".

Cuenta el pastor Rick Renner que, en una ocasión, una persona que prácticamente estaba ciega le dijo: "Pastor, casi no salgo a la calle, me da temor, pero en casa me siento segura, porque ya conozco el camino, ya sé dónde está cada mueble, cada puerta". En ese momento, el Señor le dijo a este hombre de Dios: "Eso es *peripatéo*". Necesitamos ir de memoria en Cristo todos los días, debemos tocar a Cristo, disfrutar de Él, no solo en la reunión, sino también en el colectivo, en el trabajo, mientras realizamos las tareas del hogar.

La palabra *peripatéo,* además de "andar de memoria", también significa "pasear". Un paseo es un andar tranquilo, no apurado, para relajarse. Así hay que disfrutar a Cristo, de manera serena. No hay necesidad de llorar, fruncir el ceño o hacer un esfuerzo para orar de cierta manera, sino hablar de manera normal, tranquila. Simplemente estamos allí, disfrutando de Él. Decimos: "Aquí estoy, Señor. Te disfruto. Soy uno contigo. Tu vida está en mí, mi vida está en ti". Cuando empezamos a disfrutar al Señor, toda la naturaleza vieja se apaga, se muere.

Al hacerlo, la naturaleza humana disminuye y eres transformado a las virtudes de Cristo, a la inteligencia de Cristo, a las emociones de Cristo, a las fuerzas de Cristo. Ahora bien, ¿cómo se expresa ese oro que ahora crece en ti? Veamos:

- El Padre añade oro, diamante, perlas y piedras preciosas, y Cristo crece en ti. Ahora Él se va a manifestar de manera espontánea. Sin que hagas nada, sin esfuerzo de tu parte, Cristo se manifestará expresando su sabiduría, su guía, su valor, su poder a través de ti. Te sorprenderá saber que a veces somos los últimos en enterarnos de que Cristo se ha manifestado. La vida cristiana es un misterio y la transformación a la imagen del Hijo también. Por eso, si alguien dice: "No comprendo nada", esa persona está en buen camino; pero si lo explica todo, está limitando el misterio.

- Cuando Cristo se expresa, hay un aroma a oro. Te darás cuenta cuando alguien te salude y diga: "¡Qué lindo verte!", porque olerá a humanidad, a madera o a oro. Cuando Cristo sale huele a oro. No estamos para juzgar a los demás, pero tu espíritu percibirá quién huele a madera, a hoja o a oro. ¡Hay un aroma y un sabor cuando Cristo se manifiesta!

- Tienes una experiencia con el Señor, y ese Cristo expresado no se agota. Puedes estar en paz con Cristo en un momento, pero, si pierdes el transporte y estallas, queda en evidencia que esa paz era de madera, porque Cristo-paz perdura hasta setenta veces siete. Nuestras emociones son inestables, pero su paz, sus virtudes, son perdurables, duran en el tiempo, no son volátiles.

- Si tu hambre por el Señor aumenta día a día, entonces Cristo está aumentando el oro en ti y lo notarás en que Cristo es más precioso para tu vida y cada vez tienes más hambre de Él. Ahí es cuando verdaderamente hay una transformación. Entonces ya no te planteas cómo mejorar, sino que te concentras en comer a Cristo y vivir en Él, andar en Él. Si así lo haces, Él se manifestará, se expresará sin que te des cuenta de manera espontánea. Te sorprenderás y notarás que eso que se te añadió perdura, que ya no eres el mismo, que hay estabilidad, fortaleza, hambre. Entonces declaras: "Era de madera, pero fui sepultado en la cruz de Cristo y Dios añadió oro, piedras preciosas y minerales divinos. Ahora soy una piedra viva en la casa del Señor, y seguirá transformándome hasta completar la obra".

LA RENDICIÓN DE DAVID

David quería construir un templo, edificarle una casa al Señor, y le contó su meta al profeta Natán, quien le respondió: "Ve y haz todo lo que está en tu corazón, porque Jehová está contigo". Pero esa noche, el Señor le ordenó a Natán: "Dile a David que él no va a construir la casa en que yo more". Natán, emocionado, le había dicho al rey que la construyera, pero esa no era la voluntad de Dios. David tenía el sueño de construir un templo para el Señor, y era un lindo sueño, pero era un deseo de David, de su alma. Como dijimos anteriormente, lo bueno de nosotros son solo hojas. El alma es tan fuerte que a veces no nos damos cuenta de que estamos viviendo en esta. Es por eso que Dios tiene que usar ciertos medios para mostrarnos que no estamos andando en el Espíritu, sino en el alma. Duele, claro que sí, pero es hermoso.

"No vas a edificar la casa de Dios", le dijo Natán. Al oír esto, David se sentó delante del Señor e hizo una oración hermosa. Le dijo: "Tú eres un Dios grande, admirable, maravilloso. Tú me escogiste, me amaste, me llamaste y yo soy tu siervo". En esa oración, el rey se rindió, y le dijo al Señor: "Mi sueño muere, si ese no es tu deseo, no hay problema, Señor". La oración del rey fue una oración de vaciamiento, de rendición. David oró al Señor y ahí fue crucificado. Él conocía la cruz y decidió tocar la gracia y rendirse. Al verlo rendido, Dios se le apareció y le dijo: "David, querías hacer una casa para mí, pero yo te voy a construir a ti. Serás la casa donde voy a vivir".

Cuando morimos en el Altar, Dios dice: "Tú serás la casa donde viviré". No es tu servicio, no son tus virtudes, es tu rendición lo que cuenta para que Dios pueda hacer de ti una casa hermosa donde Él viva. "Y mientras te construyo con materiales preciosos", continuó el Señor, "te daré dinero y los planos para que tu hijo Salomón y tu descendencia me construya un templo. Ellos serán mis hijos y yo los cuidaré".

Cuando nos rendimos y permitimos que el Señor nos construya, nuestros hijos serán suyos y estarán cuidados por Él. Nuestros hijos están en las manos del Señor cuando entregamos en el Altar todo lo nuestro para que Dios haga lo que quiera en nosotros y en nuestra descendencia.

CUANDO NOS RENDIMOS Y PERMITIMOS QUE EL SEÑOR NOS CONSTRUYA, NUESTROS HIJOS SERÁN SUYOS Y ESTARÁN CUIDADOS POR ÉL.

El Señor le dio a David todos los recursos necesarios, millones y millones de dólares actuales, para que su hijo Salomón edificara el templo. Porque la gracia regala. Entonces, Él te va a construir. De hecho, ya lo está haciendo, y la casa está creciendo. Sí, todavía falta pero, si continúas rendido, el Señor completará la obra.

CAPÍTULO 6

TRANSFORMADOS DE ADENTRO HACIA AFUERA

TODOS SOMOS VASOS

Como vimos en el desarrollo de los capítulos anteriores, Dios nos hizo mayordomos de este misterio, el cual debemos compartir y llevar a otros. Y si somos fieles en su administración, Dios puede confiarnos otras responsabilidades. Nuestra fidelidad se demuestra en cómo cuidamos y compartimos este conocimiento con los demás. Al enseñar a otros que somos vasos para vivir y compartir la vida de Cristo, esa gente puede convertirse en un nuevo vaso que será lleno del Señor. Todos somos vasos, ese es el diseño de Dios. Observa lo que declara el apóstol Pablo:

> 2 Corintios 4:7: *Pero tenemos este tesoro en vasos de barro, para que la excelencia del poder sea de Dios, y no de nosotros.*

Como podemos ver, Pablo comprendía claramente el diseño, porque Dios se lo había revelado cuando se convirtió. Desde el principio, Ananías se lo hizo saber; es decir, el apóstol recibió a Cristo conociendo el diseño, sabiendo que él era un vaso que debía ser lleno de la vida de Dios.

> Hechos 9:15: *El Señor le dijo: Ve, porque instrumento escogido me es este, para llevar mi nombre en presencia de los gentiles, y de reyes, y de los hijos de Israel.*

Este pasaje relata lo que Dios le dijo a Ananías: "Ve, porque este hombre es un vaso escogido por mí para llevar mi nombre". Ananías, al orar por Pablo, le hizo saber que Dios lo había elegido como un vaso para ser lleno de Él. Ahora, con Cristo resucitado, somos llamados a ser vasos que se vacían y derraman la vida de Cristo en otros vasos, para que ellos también se llenen. *Apocalipsis* afirma que se está formando una gran mansión celestial: todos nosotros. Esta mansión no se trata de una casa física, sino de Cristo, donde estamos creciendo y siendo construidos.

Ahora bien, cuando el hombre comió del árbol del conocimiento del bien y del mal, como ya vimos, introdujo la ley del mal, la naturaleza de muerte. Esto explica por qué nos enfermamos, por qué nos morimos, por qué hacemos guerras, por qué tenemos problemas psicológicos. Adán y Eva no comieron del árbol de la vida, sino del otro árbol, y es por eso que seguimos luchando con la ley del bien y del mal. Sin embargo, Dios dijo: "No voy a dejar al hombre solo", y decidió no abandonarlo en su lucha, ya que su plan original era que fuéramos vasos para recibir su vida. Fue así que, desde Adán y Eva, pasando por Abraham,

Isaac, Jacob y hasta Moisés, Dios acompañó a la humanidad con su gracia.

LA VIDA BAJO LA LEY

Algo extraordinario aconteció con Moisés y el pueblo de Israel. El pueblo le expresó al Señor su deseo de vivir su vida, a pesar de su naturaleza caída y corrupta. Ellos estaban dispuestos a hacer todo lo que era necesario para ello. Entonces, Dios les entregó la Ley, que incluía los Diez Mandamientos y otras ordenanzas, para mostrarles cómo era Él y cómo vivir la vida divina. Sin embargo, aunque la Ley indicaba cómo vivir en armonía con la naturaleza de Dios, no proporcionaba las habilidades necesarias para hacerlo. La Ley fue un manual que indicaba qué hacer y qué no hacer, cómo ser como Dios y cómo no ser como Él. Los hombres estaban seguros de que podrían vivir la vida divina desde su naturaleza humana y afirmaban que podían hacerlo. Sin embargo, Dios les advirtió que la Ley era solo una ley, y si la cumplían serían bendecidos, pero si la quebrantaban, serían castigados. ¿Cuál era el castigo? La muerte. Los animales iban a morir en lugar de ellos, porque era necesario que hubiera derramamiento de sangre.

Ahora los hombres tenían los mandamientos, pero el que no robaba, cometía adulterio, y el que no cometía adulterio ni robaba, no guardaba el sábado. Así iban sacrificando animales constantemente. Toda la vida de Israel era sangre, sangre y más sangre. Trataban de cumplir, de imitar, de igualar el carácter divino, pero no podían. Dios se dio cuenta de que necesitaban una ayuda extra, así que decidió enviarles a los profetas para guiarlos. Todo el Antiguo Testamento habla de la Ley y de los profetas.

Entonces, llegaron los profetas. Ellos decían: "No te juntes con esa persona, no te conviene"; "así dice Jehová de los ejércitos: no hagas esto, no hagas aquello". Dios les había dado la Ley escrita y también les había enviado profetas, pero ni siquiera así podían cumplirla, por lo que esta terminó por convertirse en una maldición.

El catálogo de mandamientos no era malo, ya que reflejaba el corazón de Dios, pero el hombre en su naturaleza caída no podía alcanzarlo. Intentar ser como Dios con una naturaleza corrompida era imposible de llevar a cabo. La Ley se había convertido así en un yugo para el ser humano. El hombre no podía alcanzarla y por eso terminó siendo dolor, sufrimiento, una maldición. Sin embargo, había algunos (los que Dios llama "religiosos") que decían: "¡Yo estoy bastante cerca de la Ley de Dios! Yo diezmo, ofrendo, hago todo bien". Pero un día Jesús apareció y les explicó que no se trataba solo de evitar actos externos, sino que si en su corazón deseaban algo prohibido, ya habían caído. Como verás, nadie quedaba en pie.

Cuando Jesús, el Hijo de Dios, se hizo hombre conservando su naturaleza celestial, fue a la cruz para que pudiera derramar su sangre y morir por la humanidad. Allí Cristo cumplió toda la Ley a la perfección, ya que vino a cumplirla, no a cancelarla. Él fue el único hombre perfecto, porque vivió la naturaleza del Padre. Un día antes de ir a la cruz, Jesús se reunió en una montaña con Moisés y Elías. Moisés representaba la Ley y Elías, a los profetas. Jesús les anunció que cuando fuera a la cruz, tomaría la Ley y los mandatos de los profetas y los clavaría allí poniendo fin a lo que terminó siendo una maldición, una cadena que el hombre no podía superar y que había resultado en frustración.

Cuando Cristo fue a la cruz, Él fue el Cordero que tomó nuestro lugar, muriendo por nuestros pecados y llevándose la Ley, la naturaleza humana caída y al enemigo consigo. Él cargó con los pecados y con el sistema del mundo, y les dio fin. Al morir y resucitar, Él nos cambió de ley, y no solo eso, sino que además nos dio su propia vida y vino a vivir en nosotros. Ahora Jesús vive dentro de nosotros y ya no tenemos la Ley como nuestra guía, sino que contamos con la vida victoriosa de Cristo en nuestro interior. Él es nuestro profeta, nuestra unción, quien nos enseña todas las cosas y nos guía. Ahora podemos vivir y disfrutar la naturaleza celestial sin esfuerzo. Todo esto es lo que la Epístola a los Gálatas nos enseña.

CRISTO ROMPIÓ EL "CATÁLOGO"

Cuando recibimos a Cristo, no recibimos un catálogo que dice "pórtate bien", "no hagas esto, haz aquello", "esfuérzate", "ponle ganas". Eso es la Ley, eso es maldición. Ahora, lo que tenemos que hacer es morir a lo nuestro para que Cristo, que vive en nosotros, produzca el querer, el hacer, su sabiduría, su amor y su poder. ¡Estamos libres de la religión! Cristo es una persona y la Ley fue reemplazada por Él.

Ahora bien, quizá te preguntas: "Entonces, ¿puedo hacer lo que yo quiera?". No, ahora Cristo vive en ti, y Él te va a guiar, Él va a producir todo. ¡Él lo va a hacer! Ya no tienes que esforzarte ni agotarte. La Ley fue una maldición, pero el apóstol Pablo dijo: "El hombre tiene una naturaleza caída, corrupta, mas gracias sean dadas a Dios que nos dio a Cristo".

Nuestra tarea ahora es elegir estar en Gálatas 5. Debemos dejar de movernos en la carne, con nuestras fuerzas, con nuestra bondad, con nuestra inteligencia, para empezar a disfrutar a Cristo porque en Él está todo.

LA COMPLETA TRANSFORMACIÓN

Cuando empezamos a disfrutar al Señor, toda la naturaleza vieja se apaga, se muere, se desactiva. Por eso, lo primero que debemos hacer al abrir nuestros ojos por la mañana es exaltar al Señor, adorar a Cristo, porque lo primero bendecirá lo restante. Si apenas te despiertas le dices: "Cristo, eres el Rey de Gloria", toda la gloria del Señor te acompañará y crecerá a lo largo del día.

Otro secreto poderoso es estar abierto a Él. El escuchar una palabra no te transforma, lo que sí lo hace es recibir esa palabra y experimentarla. Es por eso que debemos pedirle: "Señor, recibo esta enseñanza. Permíteme experimentarla". Cuando le expresas al Señor que quieres comer las cosas de Cristo, el Espíritu Santo obrará y eso entrará en ti y producirá una transformación espontánea.

LO PRIMERO QUE DEBEMOS HACER AL ABRIR NUESTROS OJOS POR LA MAÑANA ES EXALTAR AL SEÑOR, ADORAR A CRISTO, PORQUE LO PRIMERO BENDECIRÁ LO RESTANTE.

En Hechos 2 vemos que a Pedro ya no le importaba si lo mataban, lo amenazaban o le pegaban latigazos. ¿Qué le pasó a Pedro? Fue transformado y Cristo se manifestó. Necesitas saber que tu espíritu siempre es simple, pero si complicas todo es porque estás funcionando en el alma. Por eso deja que el agua corra, porque aunque no te lleves nada de agua, te irás limpio. La naturaleza humana es complicada, por eso siempre expresa *¿Cómo? ¿Cuándo? ¿Dónde? ¿Por qué? ¡Quiero que me expliquen!* No obstante, cuando somos transformados, empezamos a tener hambre por el Señor y sabemos que Él es lo más precioso, el dueño del oro y de la plata, que son los materiales con los que el Padre trabaja. A veces somos como mármol, por lo que es preciso reconocerlo y orar: "Señor, transfórmame, quebrántame", y Él usará todas las cosas para formar a Cristo en nosotros.

Cuando Cristo empieza a crecer, somos transformados y Él sale de manera espontánea. Comenzamos a caminar, y mientras lo hacemos Dios nos va guiando porque tenemos la unción. ¿Qué es la unción? Que Cristo te enseña todas las cosas. "No vayas a ese lugar", "No hagas eso", "Restríngete acá", "Sal de esa conversación", te indica. No necesitas esforzarte, porque Él te va a guiar. De pronto, el Señor te dirá: "Háblale de Cristo", "Suelta esta orden", "Dale esta palabra". Cristo saldrá espontáneamente y hará la obra sin que te des cuenta. Si, en cambio, expresas: "La verdad es que sí, estoy mucho más humilde que antes" o "Dios está trabajando mucho en mi paciencia, ahora tengo una paciencia infinita", estás hablando en el alma, porque estás analizando. Cuando Cristo sale, no te das cuenta. A Moisés su rostro le brillaba, ¡pero él no se daba cuenta! De hecho, fue el último en enterarse. Si luego de asistir al culto, sales y el gozo no perdura, entonces todo lo que hiciste fue pura madera y hojas; en cambio, si el gozo perdura, eso es oro, y estarás edificando sobre el fundamento.

Cuando una persona empieza a ser transformada, se huele, se gusta, se toca, se percibe si es madera húmeda o si es Cristo; porque si está Él, hay vida, hay un sabor y un perfume distintos.

Cuando el profeta Samuel llegó a casa de Isaí, Dios le indicó que buscara a otro de los hijos. David estaba en el campo, buscando al Señor, cantándole una canción, amándolo. Dios está buscando al que está en el campo, buscándolo a Él. Por eso, cuando el joven llegó a la casa, el profeta tomó el cuerno y lo ungió. Porque cuando lo buscas, Dios te llena de Él, te colma de su presencia y te unge para cosas grandes. Lo único que necesitas hacer es buscarlo, disfrutarlo y amarlo a Él.

CAPÍTULO 7

CÓMO VIVIR LA RENOVACIÓN DIARIA

ÉL ES EL MODELO

Hagamos un breve repaso hasta aquí...

Mientras los materiales con los que la naturaleza humana construye son madera, heno y hojarasca (1 Corintios 3:12), la vida de Cristo construye con oro, plata y piedras preciosas. Es decir, en cada uno de nosotros hay dos naturalezas: la caída y la de Cristo.

¿Qué es lo que el Padre quiere hacer con nosotros a partir del momento que recibimos a Cristo? Lograr que Jesús crezca y crezca hasta que lo nuestro desaparezca y Él tome control: el gobierno de todas las áreas de nuestra vida. El único objetivo del Padre es, entonces, formar a Cristo en nosotros, hacernos a la forma del Hijo. Observa cómo lo expresa el apóstol Pablo:

Gálatas 4:19: *Hijitos míos, por quienes vuelvo a sufrir dolores de parto, hasta que Cristo sea formado en vosotros.*

Cuando vino a la tierra, Jesús era "el unigénito", el único hijo de Dios; pero, cuando resucitó, se le cambió el nombre a "Hijo primogénito". Cuando Dios Hijo se hizo hombre, Él era el único hijo de Dios; pero cuando resucitó, se convirtió en el primero, en el primogénito. ¿Qué quiere decir "primogénito"? Que ahora Él es nuestro modelo. Dios quiere que todos nosotros seamos formados en serie y seamos iguales a Cristo.

LA RENOVACIÓN

Lo único que le interesa a Dios es que Cristo aumente, que gane espacio en nuestra vida, porque Él es la nueva creación que tiene que ir tomando terreno y deshaciendo la vieja creación. Donde antes estaba yo, ahora tiene que vivir Cristo. De esta manera, Él va avanzando, cambiando el barro en oro y en perlas preciosas, transformándolo hasta que Cristo venga y seamos iguales a Él.

A la manera en la que Dios nos transforma, la Biblia la llama "renovación". En la renovación Adán muere, y Cristo (que es lo nuevo) se añade. La renovación es lo mismo que la transformación, solo que el foco está puesto en lo nuevo de Cristo en nosotros.

Vamos a la parte práctica. Observa el siguiente dibujo:

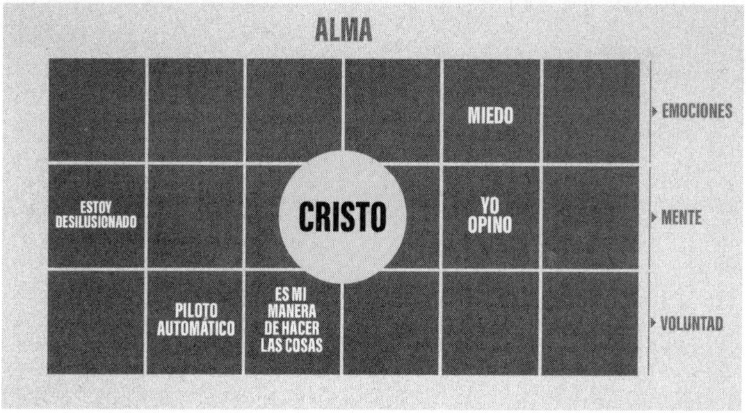

El gráfico completo representa a un ser humano. Cristo está en tu corazón, vive en tu espíritu (simbolizado por el círculo en el centro). Alrededor del espíritu está tu alma, tu vida natural y, obviamente, también tu cuerpo. El alma (emociones, pensamientos y voluntad) es como una cáscara que rodea a Cristo que vive en tu espíritu. Cristo es el oro; pero el alma es barro (representada por los cuadrados de color gris oscuro). Toda tu alma tiene que ser renovada. Para eso, Cristo, que está en el centro, tiene que meterse en ella y reemplazar cada área con Cristo. Entonces, por ejemplo, el Señor toma tu miedo o tu desilusión y, como son emociones tuyas (barro), las rompe y coloca a Cristo en su lugar. Cada vez que hablamos, nos damos cuenta de que somos barro. Cada excusa que ponemos, cada idea que compartimos es barro. O quizá estás funcionando en piloto automático. En ese caso, el Señor tomará ese sector de tu voluntad que es barro y también le dará muerte. Todo lo que hacemos por hábito, nuestra manera de hacer las cosas, es barro, y debe morir para que seamos renovados.

¿Cómo nos renueva Dios? Toma todo el barro, que para Dios es lo viejo, y lo primero que hace es ponerle luz, iluminarlo.

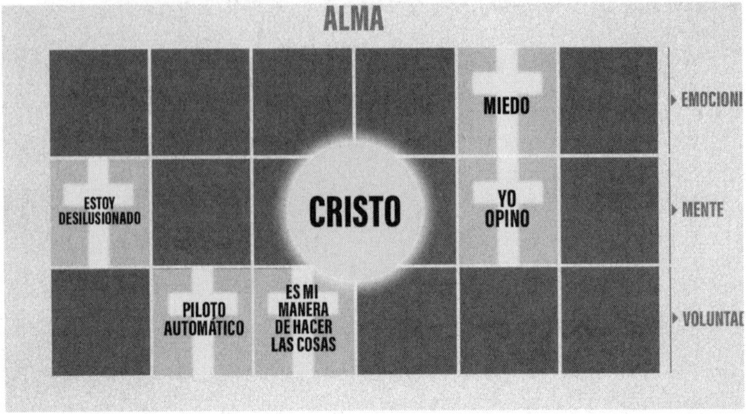

La luz de Dios es como un láser con forma de cruz. Cuando la luz ilumina tu opinión y te la muestra, es para darle fin. La luz ilumina tu miedo, tu desilusión, tu opinión, tu piloto automático, tu oración de memoria, tu adoración automática, tu manera de funcionar, por ejemplo, y te los muestra. Y esa luz que tiene forma de cruz es una que trae muerte.

Dios debe renovar nuestros pensamientos, emociones y acciones, ya que no es suficiente con que tengamos a Cristo en nuestros corazones mientras seguimos siendo barro, con las mismas luchas, opiniones y tristezas. Cuando la luz de Dios entra, pone fin a lo nuestro, lo aniquila y aumenta a Cristo en nosotros. Entonces, nuestras mentes se vuelven claras, y a medida que se llenan de oro, según lo explica el apóstol Pablo, comenzamos a tener la mente de Cristo, los pensamientos de Cristo, las emociones de Cristo.

DIOS DEBE RENOVAR NUESTROS PENSAMIENTOS, EMOCIONES Y ACCIONES

La mente, los pensamientos y las emociones de Cristo son ahora nuestros, ya que Él los formó en nosotros y nos transformó a través de la renovación. Lo viejo ha muerto y lo nuevo ha sido añadido. La luz, con forma de cruz, iluminará esas ideas y te dirá: "¡Eso es barro!", para que lo dejes en el Altar. Cuando lo entregas en la Cruz, ese barro viejo es reemplazado por lo nuevo de Cristo. Dios no usa nada viejo, solo utiliza los materiales nuevos que son de Cristo. Cada vez que mueres, lo nuevo crece y tienes vida, victoria, fuerza, amor, gozo. ¡Y es que Cristo te está renovando con lo nuevo de Él!

¿Cómo se logra todo esto? ¡Es tan sencillo y profundo, y a la vez poderoso! La luz opera en nosotros simplemente y nos muestra lo que debe morir, matándolo y añadiendo a Cristo. Solo permitamos que la luz ilumine, aniquile lo necesario y produzca en nosotros.

Hechos 14 relata que en una ocasión Pablo vio a un paralítico, y al observar que tenía fe para ser sanado, lo sanó. Según este pasaje la fe se ve en el rostro. No sé cómo es la "cara de fe", pero tiene que ver con abrirse a la luz del Señor. Eso es lo que debemos practicar. Entonces, mientras vas paseando, si estás cerrado la luz no va a operar; pero si le dices con sinceridad: "Señor, abro mi espíritu a tu luz. Mi foco ya no es lo que me sucede, mi problema, mi conflicto familiar, ahora quiero tu luz. ¡Ilumíname! ¡Estoy abierto a ti!", la luz viene, quema, mata y produce. Observa lo que escribió el apóstol Pablo:

> 2 Corintios 3:18: *Por tanto, nosotros todos, mirando a cara descubierta como en un espejo la gloria del Señor, somos transformados de gloria en gloria en la misma imagen, como por el Espíritu del Señor.*

"Mirarlo a Él a cara descubierta", eso significa abrirse. Al hacerlo, somos transformados de gloria en gloria, de barro a cada vez menos barro, en la misma imagen. Y esto lo hace el Espíritu del Señor porque estamos abiertos a Él, atentos a Él, amándolo a Él.

Cuando te abres dejas que el Espíritu Santo tome lo tuyo, lo mate y produzca a Cristo. Por ejemplo, antes ibas a la reunión únicamente pensando en que cuando salieras irías a cenar con los hermanos. Ya no piensas más en eso.

¿Por qué? Porque fuiste transformado, y en el lugar que antes ocupaba ese pensamiento, ahora hay oro. Antes no ibas a la reunión porque vivías lejos, pero ahora vives más lejos y no faltas ni un domingo. ¿Por qué? Porque Cristo aumentó. ¡Y lo mejor es que nunca más se pierde ese territorio, porque es un aumento de Cristo!

"A cara descubierta", dejando de ser indiferente, de justificarnos, de repetir lo nuestro, de andar en piloto automático. Estamos abiertos y la luz viene y nos muestra, dejamos en la cruz y ahí mismo se quema. De manera que ahora Cristo aumentó.

EL HOMBRE NUEVO

Giezi estaba con Eliseo. Los enemigos con gente a caballo y con carros los habían rodeado. Temeroso, Giezi le preguntó al profeta qué debían hacer. Eliseo le respondió: "No tengas miedo, porque son más los que están con nosotros que los que están con ellos", y oró a Dios para que los ojos del criado se abrieran y pudiera ver. Dios le mostró a Giezi un ejército celestial con caballos y carros de fuego que estaban allí para protegerlos. Sin embargo, después de esa oportunidad en la que Eliseo oró, Giezi nunca más vio nada. Él tuvo una experiencia, pero no siguió en la luz. Muchos cristianos son como Giezi: escuchan los testimonios, ven un milagro, pero no avanzan, se detienen ahí.

Son como Elí, el sacerdote, que estaba siempre sentado en la entrada del tabernáculo. En una ocasión, cuando fueron a la guerra, Elí les dijo a los soldados: "Lleven el Arca del Pacto. ¡Cuídenla mucho!", y siguió sentado en la puerta. Cuando los hombres regresaron, le informaron: *Israel ha huido delante de los filisteos, además ha habido gran matanza entre el pueblo, también han muerto tus dos hijos, Ofni y Finees, y el arca de Dios ha sido tomada* (1 Samuel 4:17, NBLA). ¿Qué crees que hizo Elí frente a semejante noticia? ¡Permaneció sentado junto a la puerta! De pronto, cayó de su asiento, se rompió la nuca y murió. Elí murió sentado. Pero observa este otro relato: Jonás llegó a Nínive y anunció: "¡Arrepiéntanse, de lo contrario Dios los aniquilará a todos!". Al escuchar esto, el rey, que estaba sentado, se puso de pie. Luego se postró y se arrepintió, y Dios trajo victoria. ¡La luz nos saca de la silla de la comodidad!

Ezequiel estaba sentado con los ancianos cuando de pronto vino el Espíritu y lo alzó. Cuando nos abrimos, todo lo nuestro, que es barro, empieza a desaparecer, a morir. Poco a poco llega un momento en que todo lo que queda en nosotros es Cristo. ¿Sabes cómo se llama eso? El nuevo hombre. Observa lo que Pablo les escribió a los Gálatas:

> Gálatas 3:28: *Ya no hay judío ni griego; no hay esclavo ni libre; no hay varón ni mujer; porque todos vosotros sois uno en Cristo Jesús.*

"Cuando empiecen a desaparecer, ya no habrá judío ni griego". Pablo está hablando de la diferencia racial. Los griegos se creían sabios y los judíos llamaban "perro" al que no era judío. Pero eso ahora desaparece. Tus costumbres culturales mueren. Dejamos de ser argentinos, españoles, chilenos, etc., porque no hay nacionalidad. El apóstol continúa: *No hay esclavo ni libre.* El trabajo también desaparece. Ya no hay contratados o desempleados, amas de casa, empleados o jefes. Ya no somos pobres o ricos. Por último, también desaparecen los géneros: *No hay varón ni mujer.* Ya no hay hombres y mujeres. Todos somos uno, y ese uno es Cristo. Y, cuando eso sucede, todo, absolutamente todo, incluso la gente, la edad y el tiempo, desaparece.

Estar abierto significa que, cuando venga la oportunidad, darás testimonio y compartirás su Palabra con otros. No hay esfuerzo, ni forzamiento, todo fluye de manera natural y espontánea, porque es el Espíritu obrando en ti.

Cristo aumenta no por tu propio esfuerzo, sino porque la luz de su presencia va eliminando lo viejo en ti y resucitando lo de Cristo. Así, cada vez más, tus pensamientos, emociones y voluntad se alinean a Él, hasta que tu mente llegue a ser la mente de Cristo y todo lo que hagas te salga perfectamente bien.

CAPÍTULO 8

RENOVADOS POR LA LUZ

SIN LUZ, NO HAY VIDA

El único objetivo del Padre es formar a Cristo en nosotros, hacernos a la forma del Hijo. El único molde válido es Cristo, su vida; y todos nosotros estamos siendo moldeados en ese molde. Dios hará lo necesario para que terminemos adquiriendo la forma del molde. El Padre envió a su único Hijo para morir y resucitar, y ahora Él puede vivir dentro de nosotros y ser el Hijo primogénito, el primero de muchos otros hijos en serie. El deseo de Dios para cada uno de nosotros es que lleguemos a ser como Cristo, que adoptemos la forma de Cristo.

Cuando el Señor gana territorio en tu vida y hace de ella su casa, estás en tu trabajo y dices: "Este trabajo no es mi casa, Cristo es mi casa"; estás en tu domicilio, en tu casa física, y afirmas: "Esta no es mi casa, Cristo es mi casa"; estás internado en el hospital y aseguras: "Esta cama no es mi cama, Cristo es mi cama". Cristo es tu casa, tu oficina y tu hogar, pues día a día Él está ganando territorio, porque el Padre está formando a Cristo en ti.

De pronto te encontrarás pensando como Cristo o, como me gusta expresarlo, "pensando Cristo". ¿Y cómo es que el Señor hace esa renovación? Como ya vimos, Él toma todo el barro que para Él es lo viejo, y lo primero que hace es echarle luz, iluminarlo. Sin luz, no existiría la vida.

Y ¿cómo es la luz de Dios? Inaccesible, admirable. La luz de Dios es como un rayo que nos mataría si nos cae encima. Varias personas que trabajan con la electricidad me contaron que vieron gente derretirse literalmente por entrar en contacto con cierta cantidad de voltios. La luz del Señor es todavía más poderosa, porque vence las tinieblas, porque trae vida donde hay muerte, porque trae sanidad donde hay enfermedad. Porque no se trata de la luz del sol, ni de ninguna otra luz, sino de la luz divina de Cristo, nuestro Señor. ¡Él es la luz del mundo!

LA LUZ, EL FUEGO Y EL RÍO

Cuando la luz ilumina un área de tu vida y te la muestra, es para darle fin. La luz de Dios no es tu autoanálisis, tu introspección, sino un aspecto de tu yo que Dios ilumina, ya que ha decidido quemarlo para siempre. La luz, que tiene forma de cruz, ilumina tu miedo, tu desilusión, tu opinión, tu piloto automático, tu oración de memoria, tu adoración automática, tu manera de hacer las cosas, y les da fin. Cuando el Espíritu Santo alumbra un área en la que hay barro, es porque la luz le va a dar muerte.

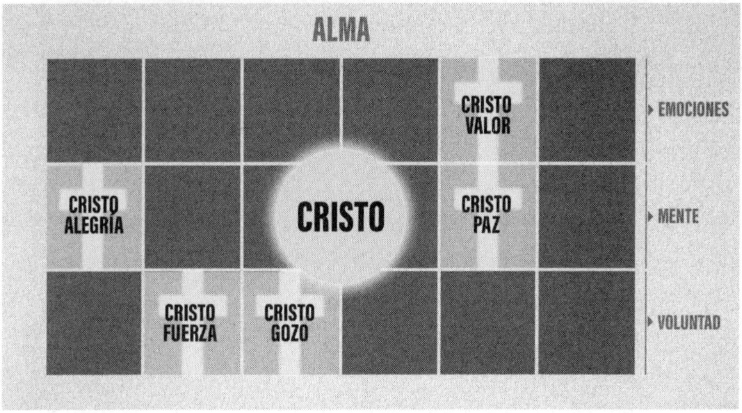

Entonces, donde había miedo, ahora está Cristo-valor; donde estaba tu opinión, ahora está Cristo-paz; donde había desilusión, ahora está Cristo-alegría. El barro desapareció y lo de Cristo se añadió. Ahora experimentas alegría; pero esa alegría no es humana, sino Cristo-alegría que aumentó en ti. Él te transformó, te renovó.

¿Cómo lo hizo? Sacó tu barro y añadió lo de Él. De modo que cuando Dios te muestre un aspecto tuyo, ábrete y dile: "Señor, reconozco lo que me mostraste. Lo dejo en la cruz para que tú lo quemes".

Esta es la razón por la que Pablo decía: "Oro por ustedes, para que Dios les alumbre los ojos".

La luz ilumina el alma y nos muestra cómo somos desde la perspectiva de Dios, revelándonos el barro, cosas de nosotros mismos y de nuestra alma que quizá no sabíamos. La luz nos muestra cómo Dios nos ve. La luz no es conocimiento; conocimiento es cómo cada uno se ve a sí mismo (la carne mirando a la carne), pero la luz es cómo Dios nos ve a cada uno de nosotros.

El conocimiento, el autoanálisis, no nos transforma, solo la luz que es fuego y siempre quema, aniquila, destruye, mata. Es por eso que nuestra oración debe ser: "Señor, no quiero conocimiento, quiero que tú me digas cómo me ves. Quiero tu luz, Señor, porque esta viene lista para dar muerte y traer a Cristo".

Esta es la razón por la que David decía: "En tu luz ahora veo con claridad". En su luz veremos la luz.

Cuando Dios te muestra algo de ti, ahora sabes cómo Él te ve. Por ejemplo, estás hablando y, de pronto, Dios le arroja luz a un comentario que hiciste y te dice: "Eso es barro, no sirve, le voy a dar muerte". Y sus palabras no son la observación de un amigo, sino de algo que te muestra el Señor.

"QUIERO TU LUZ, SEÑOR, PORQUE ESTA VIENE LISTA PARA DAR MUERTE Y TRAER A CRISTO".

Pero profundicemos un poco más. ¿Cómo funciona la luz? Lo primero que la luz hace es resplandecer, alumbrar, iluminar algo de ti. La luz se mete en una cámara secreta (una emoción, un pensamiento, una manera de hacer) y la alumbra. Debido a que al alma le encanta trabajar en secreto, todos tenemos muchas emociones y pensamientos guardados; pero la luz irrumpe y lo primero que hace es mostrarnos nuestra condición de barro. La luz nos muestra que hay más barro de lo que pensamos. Por eso, Isaías exclamó: "¡Ay de mí que soy muerto!", y Pedro expresó: "¡Apártate de mí, porque soy un hombre pecador!".

La luz resplandece en las recámaras secretas y nos impacta. Y una vez que ilumina, se transforma en fuego que incinera. La misma luz que te dijo: "Esa idea, esa emoción o esa oración de memoria es tu carne", cuando respondes: "Sí, Señor, es mi carne", ahí mismo se convierte en fuego. Ese es el Altar donde dejas lo que te mostró en la cruz para su muerte. Hay momentos en que el fuego arde y pasas cinco, diez, veinte minutos confesando, llevando al Altar. Otras veces Dios te muestra algo, y apenas lo llevas al Altar, automáticamente Él lo incinera. No necesariamente deben pasar años para que Dios trabaje en ti. Lo que Dios ilumina, si se lo entregas en el momento, lo quema y nunca más resucita, porque Él lo aniquila con su fuego divino. Ahora bien, una vez que el fuego consumió el barro, se transforma en un río que trae piedras preciosas. El río empieza a fluir, y donde había barro Dios pone Cristo-valor, Cristo-fuerza, Cristo-sabiduría. Así es como eres transformado.

Resumiendo, primero eres iluminado, después quemado y, por último, el río te trae los minerales divinos (la fuerza de Cristo, la sabiduría de Cristo, la alegría de Cristo, el hablar de Cristo, la pasión de Cristo). Es decir, se te añade lo de Cristo. Ahora tu mente puede pensar con claridad, las emociones son llenas del Espíritu Santo y la voluntad crece como la autoridad de Cristo en ti. ¡Eso es la renovación!

La luz ilumina el barro, el fuego lo quema y el río trae piedras preciosas. ¡Todo ocurre en simultáneo! El río es como la sangre que, al circular, lleva los nutrientes a todo el cuerpo. De manera similar, el río representa el mover del Señor. La luz es Cristo, el fuego es Cristo y el río también es Cristo. ¡Cristo se encarga de hacer todo!

DIOS OBRA SIMULTÁNEAMENTE

Analicemos el caso del apóstol Pablo. Un día él iba caminando cuando una luz, intensa y poderosa, lo dejó ciego. Inmediatamente después de esta experiencia, Pablo cayó. Ese fue el fuego, el Altar. El apóstol fue iluminado, cayó y se levantó siendo otra persona. Dios lo había renovado. Del mismo modo Dios nos iluminará, nos derribará y nos levantará, todo de manera simultánea. Porque cada vez que Dios nos ilumina y nos muestra algo, nos lleva al Altar.

Cuando Cristo se te añade, recibes sus virtudes, sus ideas y sus pensamientos. El río vino y te añadió a Cristo. Creciste a la forma de Cristo, y ese crecimiento perdura y permanece.

AUNQUE ESTÉ MUERTO, VIVIRÁ

Veamos en esta parte del capítulo cómo se manejó Marta en una circunstancia difícil. Jesús llegó a su casa y ella se puso a limpiar. Existen personas que aman servir y ocuparse, ellas afirman: "Tengo un llamado, tengo un ministerio; quiero servir a Jesús". Marta representa el alma que siempre quiere estar activa. A diferencia de ella, María, su hermana, optó por sentarse a los pies del Señor. Fue entonces que Marta expresó su descontento: "Dile a María que me ayude a servir".

JESÚS	MARTA
LLEGÓ A LA CASA.	PREOCUPADA POR MUCHOS QUEHACERES: "DILE A MI HERMANA QUE ME AYUDE A SERVIR".
LLEGÓ A LA CASA.	"SEÑOR, SI HUBIESES ESTADO AQUÍ, MI HERMANO NO HABRÍA MUERTO".
"TU HERMANO RESUCITARÁ".	"YO SÉ QUE RESUCITARÁ EN EL DÍA POSTRERO".
"YO SOY LA RESURRECCIÓN Y LA VIDA, EL QUE CREE EN MÍ, AUNQUE ESTÁ MUERTO, VIVIRÁ".	"SÍ, YO HE CREÍDO QUE TÚ ERES EL CRISTO".
	LLAMÓ A MARÍA: "EL MAESTRO ESTÁ AQUÍ Y TE LLAMA".

En otra oportunidad, cuando Jesús llegó a la casa y Lázaro ya había fallecido, Marta no lo saludó ni le permitió hablar; solo le reprochó: "¡Señor, si hubieras estado aquí, mi hermano no habría muerto!". La respuesta de Jesús fue: *Tu hermano resucitará;* pero ella no escuchó y rápidamente respondió: "Sí, yo sé que resucitará en el día postrero". ¡Marta pretendía enseñarle las Escrituras a Jesús, así que el Maestro le explicó: *Yo soy la resurrección y la vida; el que cree en mí, aunque esté muerto, vivirá.* ¡Le estaba diciendo que iba a soltar un milagro de resucitación! Pero Marta insistió: "Sí, yo he creído que tú eres el Cristo". Su respuesta no estaba en relación con lo que el Señor le estaba diciendo. Inmediatamente después, sin entender las palabras de Jesús, se alejó y fue a llamar a María.

Entonces, ¿cómo necesitamos actuar frente a la luz? No discutas, no argumentes, porque si lo haces volverá la oscuridad hasta que la luz regrese. No pelees con la luz, no la contradigas, no le expliques, solo deja en la cruz lo que te haya mostrado y suéltalo bajo el fuego que quema y vence las tinieblas. La luz admirable de Cristo es la única que vence la carne y el pecado. ¡Gloria a Dios! Pasa tiempo en tu portal todos los días y disfruta del Señor, pero no como Marta. Observa lo que el salmista declara:

> Salmos 73:16-17: *Cuando pensé para saber esto, fue duro trabajo para mí, hasta que entrando en el santuario de Dios, comprendí el fin de ellos.*

Entra al santuario, ve a tu portal, porque allí Dios te dará la luz. Búscalo a Él durante unos minutos, pasa tiempo a solas con Él, sin interrupciones, y dile: "Señor, acá estoy, te disfruto. ¡Eres tan hermoso!". Deja que Él te guíe en las palabras, que te dé una canción o que te diga que te pongas de rodillas, por ejemplo. Entrégate a Él en tu santuario y lo comprenderás, porque Él te dará luz y serás libre.

> **BÚSCALO A ÉL DURANTE UNOS MINUTOS, PASA TIEMPO A SOLAS CON ÉL, SIN INTERRUPCIONES, Y DILE: "SEÑOR, ACÁ ESTOY, TE DISFRUTO".**

> Salmos 73:21-22: *Se llenó de amargura mi alma, y en mi corazón sentía punzadas. Tan torpe era yo, que no entendía; era como una bestia delante de ti.*

> Salmos 73:25: *¿A quién tengo yo en los cielos sino a ti? Y fuera de ti nada deseo en la tierra.*

El apóstol Pablo expresa:

Me he hecho a los judíos como judío, para ganar a los judíos; a los que están sujetos a la ley (aunque yo no esté sujeto a la ley) como sujeto a la ley, para ganar a los que están sujetos a la ley; a los que están sin ley, como si yo estuviera sin ley (no estando yo sin ley de Dios, sino bajo la ley de Cristo), para ganar a los que están sin ley. Me he hecho débil a los débiles, para ganar a los débiles; a todos me he hecho de todo, para que de todos modos salve a algunos. 1 Corintios 9:20-22

"El camaleón cambia de colores según la ocasión", dice una vieja canción. Y tal vez pienses: "¡Mira lo que dice Pablo! ¡Qué falso!". Pero lo que el apóstol expresa en este pasaje es: "Yo no tengo opinión; a mí no me importa si es débil, si es fuerte, si es judío, si es circuncidado, si es religioso, si comprende o no. Me he vaciado de todo lo mío para que Cristo se exprese. Ya no tengo emociones, pensamientos o costumbres propias, todo eso lo tengo por basura. Ahora tengo las emociones de Cristo, las ideas de Cristo, la sabiduría de Cristo, la fortaleza de Cristo; y eso es tan hermoso que puedo estar con el débil, con el legalista, con el emocional, ¡con todos! Porque estoy libre de las circunstancias. En la pobreza, en la riqueza, en la salud, en la enfermedad, ¡todo lo puedo en Cristo!". ¡Aleluya! ¡Qué palabras tan maravillosas!

Así dice el Señor:

No me cambies por nada, ni por trabajo, ni por estudio, ni por pareja, ni por dolor. El mar se ha calmado, ha dejado de rugir por mi mano poderosa. Yo soy tu escudo. Los dardos que te arrojaron ya no tienen influencia. Yo cambio tus emociones por las mías; he iniciado una obra y no me detendré. Ahora serás luz entre los tuyos y el río te traerá descanso.

Todo lo hace la luz cuando dejamos lo que Él nos revela en el Altar para su sacrificio. Por eso, pídele al Señor que su luz aumente. ¡Fuego divino, quema nuestras impurezas permanentemente! Él es la vida y nos ha llamado a vivir en su luz admirable. Sin velos, estamos siendo transformados a su imagen, de gloria en gloria. Porque Aquel que comenzó la obra ¡la va a terminar!

CAPÍTULO 9

NATURALEZA QUE VIENE DESDE LO ALTO

CUANDO LA LUZ NOS ILUMINA

El deseo de Dios es que Cristo crezca en nosotros, que su naturaleza transforme nuestra condición humana, que donde había barro ahora haya oro. El Padre quiere formar a Cristo en nosotros, usando al Hijo como molde para hacernos a su forma. Ese es el propósito de Dios para cada uno de nosotros. Al Padre no le interesan las circunstancias externas, sino que Cristo crezca para que seas transformado a su imagen.

Ahora bien, ¿cómo nos transforma el Señor? La palabra transformar es *metamorfosis,* que significa "más allá de la forma". Él tomará nuestra forma humana y la cambiará de forma, la transformará a la forma divina. Este cambio de forma lo realizará a través de un proceso llamado renovación. En la renovación, Dios elimina lo nuestro y añade lo de Cristo, es decir, quita lo que es propio de nuestra naturaleza humana y agrega algo de la vida de Cristo. Por eso, nuestra oración debe ser: "Señor, renuévame. Ya no quiero ser igual, porque todo lo que hay dentro de mí necesita ser cambiado. Todo lo que hay en mi corazón necesita más de ti".

Veamos cómo funciona la renovación.

Observa el siguiente gráfico:

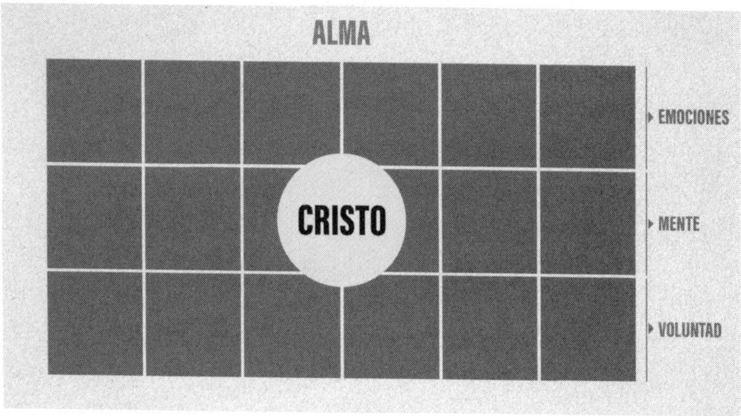

Esta es nuestra vida. Cristo vive en nuestro espíritu. Al espíritu lo rodean el alma y, obviamente, el cuerpo, pero nos vamos a concentrar en el alma. El alma de todos los seres humanos está formada por emociones, mente y voluntad. En medio de nuestra naturaleza humana, del barro, está Cristo que es oro. ¿Y cómo Él nos va a renovar? Cristo irá ganando espacios en nuestras emociones, en nuestra mente y en nuestra voluntad.

Ahora bien, ¿cómo le dará muerte a lo nuestro para añadir lo de Él? A través de su luz. Jesús dijo: "Yo soy la luz del mundo y el que me sigue, el que me cree, no andará en el barro, en la oscuridad, en tinieblas". Por eso, lo primero que Dios hace es iluminarnos.

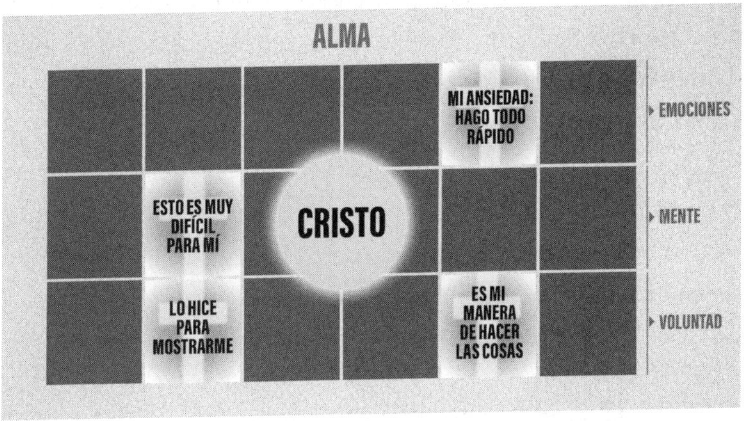

Observemos que su luz nos muestra aspectos de nosotros que no conocíamos, que nunca habíamos visto. La luz siempre viene de golpe y nos muestra algo de nuestras emociones, de nuestra mente o de nuestra voluntad. Por ejemplo, cuando la luz te ilumina, puedes ver que eres ansioso y tiendes a hacer las cosas rápidamente. Ahora la luz ilumina esos aspectos que no vemos cuando estamos en el "modo alma". La luz de Dios te muestra tu condición, que hay mucho barro escondido. Esta es la razón por la que David pedía: "¡Examíname, Señor!".

¿CÓMO LE DARÁ MUERTE A LO NUESTRO PARA AÑADIR LO DE ÉL? A TRAVÉS DE SU LUZ.

¿Por qué los recuadros iluminados tienen una cruz?

Porque la luz que te muestra algo también es el mismo fuego que lo quemará, que le dará fin a ese aspecto de tu yo. La luz quema, quebranta, incinera, aniquila, destruye, debilita. Le da fin a tu ansiedad, a tu manera de hacer las cosas, a tu deseo de mostrarte, a esa costumbre de decir que todo es difícil, por ejemplo. Pero si la luz no le da fin, no lo mata, entonces no fue luz, sino un saber, un conocimiento, tu autoanálisis. Por ejemplo, si sabes que eres ansioso y sigues con tu ansiedad, no fue la luz la que te mostró ese aspecto de ti. Porque la luz siempre es fuego, siempre quema, aniquila, destruye, mata. Cuando la luz de Cristo alumbra, también quema y da fin.

Analicemos dos ejemplos:

> *Cuando le vi, caí como muerto a sus pies. Y él puso su diestra sobre mí, diciéndome: No temas; yo soy el primero y el último.*
> Apocalipsis 1:17

Cuando el apóstol Juan "le vio" (¡eso es la luz!), cayó como muerto a sus pies. Porque siempre que hay luz, hay muerte. El apóstol solía recostarse en el pecho del Señor, pero, cuando vio al Cristo glorificado, cayó como muerto, porque la luz mata lo nuestro.

El otro ejemplo es el del profeta Daniel:

> *Quedé, pues, yo solo, y vi esta gran visión, y no quedó fuerza en mí, antes mi fuerza se cambió en desfallecimiento, y no tuve vigor alguno.*
> Daniel 10:8

Daniel vio al Señor y también cayó como muerto. Nuestra tarea es pedirle a Dios que nos ilumine porque, si no hay luz, nunca seremos transformados ni renovados. Porque la luz quema y mata; en cambio, la enseñanza no mata. Yo puedo enseñarte un concepto, pero seguirás teniendo barro. Recuerda: los amigos no matan, el consejo no mata, el sermón no mata, el saber no mata; lo único que le da fin a lo tuyo es ver la luz, es decir, la experiencia de que Cristo te ilumine.

Mientras Hudson Taylor estaba en China solía decir: "Yo trabajo para Cristo". Pero, un día, mientras caminaba, Dios le dio luz y le mostró que ese "yo trabajo para Cristo" iba a morir. Cuando vio la luz, entendió que a partir de ese momento él trabajaría "a través" de Cristo y no "para" Cristo.

Cuando Dios te ilumina y te muestra algo, no discutas con la luz, solo dile: "Señor, lo dejo en la cruz". No luches con ella, porque se irá. Apenas la luz te muestre algo tuyo, sin luchar, sin pelear, sin traer a cuento lo que aprendiste, dile: "Señor, muero a esto, muero en el Altar", y lo dejas en la misma luz, que es como el fuego que consume, porque solo Cristo le da fin a lo nuestro y en su lugar añade algo de Él.

LA SIMULTANEIDAD DE CRISTO

Dios te muestra algo, lo mata y te añade a Cristo. Las tres acciones ocurren automáticamente y en simultáneo: Dios te muestra lo tuyo, lo mata y añade algo hermoso de Cristo. Entonces, donde había barro ahora hay oro. De esta manera Cristo creció, ocupó más espacio de tu alma que ahora es el alma de Cristo: la mente de Cristo, las emociones de Cristo y la voluntad de Cristo. A partir de ese momento tu mente es la mente de Cristo, la cual es clara, lúcida, capaz. Por eso te vas a encontrar teniendo una capacidad que otras personas no tienen, porque es una capacidad divina. Si tu anhelo es mejorar y dejar de tener miedo, por ejemplo, tendrás una tarea agotadora, porque es el barro tratando de darle fin al barro. Lo mismo ocurrirá si quieres que tus hijos cambien, por mencionar otro ejemplo. Sin embargo, cuando le dices: "Señor, ilumíname, elimíname y añádeme a Cristo", entonces todo lo de Cristo empieza a producirse espontáneamente. De manera automática sale la fuerza, la victoria y la gloria. Y eso es porque Cristo, no tú, hizo la obra.

A PARTIR DE ESE MOMENTO TU MENTE ES LA MENTE DE CRISTO, LA CUAL ES CLARA, LÚCIDA, CAPAZ.

Cuando al apóstol Pablo le cayó la luz, quedó ciego por tres días. La luz es un impacto que mata, y esa muerte trae resurrección y añade algo de Cristo. Ahora Cristo se expresa, hueles a vida, a victoria, a paz. Y esa paz, aunque parece la paz del mundo, no lo es, porque es la paz de Cristo. La inteligencia de Cristo también se parece a la inteligencia del mundo, pero tampoco lo es. Es Cristo creciendo y expresándose, porque Cristo ganó terreno, ganó espacio y aumentó en tu vida.

MIS PECULIARIDADES

Hay áreas de nuestra vida que son peculiaridades. ¿Qué significa esto? Se trata de rasgos constantes y particulares que hay en nosotros. Las peculiaridades es aquello que nos hace ser como somos. La peculiaridad es tu manera de ser. Por ejemplo, la peculiaridad del conejo es correr, mientras que la peculiaridad de la tortuga es caminar lento. A una tortuga no puedes decirle: "¡Vamos, corre!", porque su peculiaridad es ir despacio. Del mismo modo, a un conejo no le puedes decir: "Vamos despacito, síguele el paso a la tortuga", porque su peculiaridad es correr con rapidez. Del mismo modo, cada uno de nosotros tiene su propia peculiaridad, un aspecto que nos distingue y es predominante, y que es nuestra manera de ser.

La peculiaridad nuestra no es barro, es más que barro, es arcilla. Me explicaron que el adobe se prepara con barro y agua. La arcilla, en cambio, cuando se coloca en el horno, se hace resistente. Así es la peculiaridad, como arcilla que viene del horno de la vida, es resistente, fuerte. Hay personas, por ejemplo, que tienen la peculiaridad de hablar, mientras que otras son calladas. Existen quienes son desordenados, iracundos o calmos, o quizá pacientes. Pero eso no es Cristo, es la peculiaridad y, como esta ha estado en el horno durante años, se ha vuelto fuerte, dura, sólida. La peculiaridad, ese rasgo que se repite, siempre es nuestro gran dolor de cabeza, lo que nos trae problemas en nuestras relaciones.

Por ejemplo, cuando nos enamoramos y empezamos a noviar, tendemos a ocultar nuestras peculiaridades para que el otro no las vea. Pero luego, cuando nos casamos, esas peculiaridades salen a la luz y pueden causar conflictos. Lo mismo sucede en las amistades. Algunas personas muestran sus peculiaridades de inmediato, pero otras no, y un día ciertas actitudes nos sorprenden. Recuerdo que cuando era chico fui a un campamento. Al tercer día, todas las peculiaridades de cada uno comenzaron a manifestarse. En mi carpa había un muchacho que quería estar despierto toda la noche y yo insistía en que quería acostarme temprano y dormir. Los siete días que duró aquel campamento fueron algo así como ¡la Tercera Guerra Mundial! Una peculiaridad es difícil de tratar porque es barro duro que ha estado en el horno por años.

Watchman Nee dijo algo que verdaderamente me impactó: "Si no muere tu peculiaridad, dejarás de crecer en tu vida espiritual". Podemos crecer y crecer en el Señor, tomar la carga, dar la orden, compartir el testimonio, invocar, pero el ser desordenado o no responder los mensajes del grupo, por mencionar alguna peculiaridad, frenará tu crecimiento en Cristo.

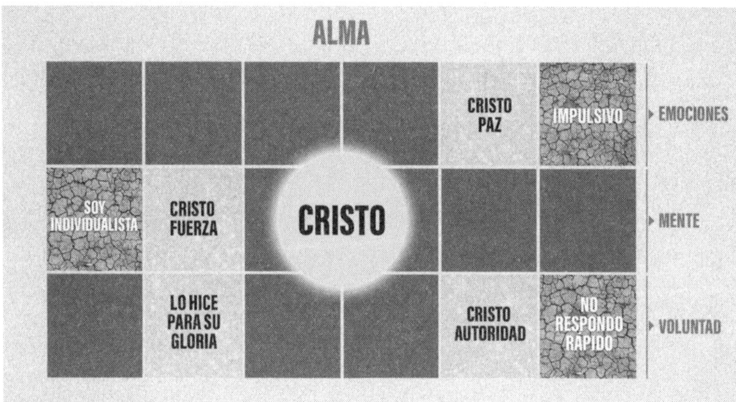

Cuando era chico, mi madre me hacía barrer la casa y yo obedecía, pero no pasaba el escobillón debajo de los muebles. Barría, sí, pero no en profundidad. Metafóricamente, la luz primero barre como yo lo hacía, pero después empezará a entrar a los rincones donde está el barro duro, los aspectos fuertes, las peculiaridades. Es entonces cuando necesitamos ir al Altar y decirle a Dios: "Señor, dejo esto que me mostraste en la cruz para su muerte". Pero luego, Dios irá por la peculiaridad, iluminará debajo de la cama y te mostrará, por ejemplo, que tal vez eres individualista, desordenado, gritón, expresivo, autoritario, sumiso o depresivo; en definitiva, esos rasgos peculiares que estuvieron en el horno durante diez, veinte, cuarenta años. Y Él les dará fin, porque lo que Dios ilumina, lo elimina y en su lugar añade a Cristo.

En el gráfico podemos ver que tal vez la luz te iluminó y ahora tienes a Cristo-paz, a Cristo-fuerza a Cristo-autoridad, pero todavía sigue habiendo mucho barro. Cristo ha crecido en ti; pero quizá no te gusta que te digan qué hacer; o eres impulsivo, individualista, no respondes rápido los mensajes, etc. Entonces, puede que ser que Cristo creció; pero si ese barro (esa peculiaridad) no es destruido, dejarás de crecer en tu vida espiritual.

Leí que hay maderas, como la del pino, que tienen muchos nudos. Esta es la razón por la que son maderas baratas. Pero hay maderas que no tienen nudos, como la madera del roble. Haciendo un paralelismo, nuestras peculiaridades son como esos nudos de la madera, pero el Señor va a tratarnos hasta hacernos como Cristo, madera de roble, sin nudos y sin peculiaridades. ¡Todas nuestras peculiaridades tienen que morir!

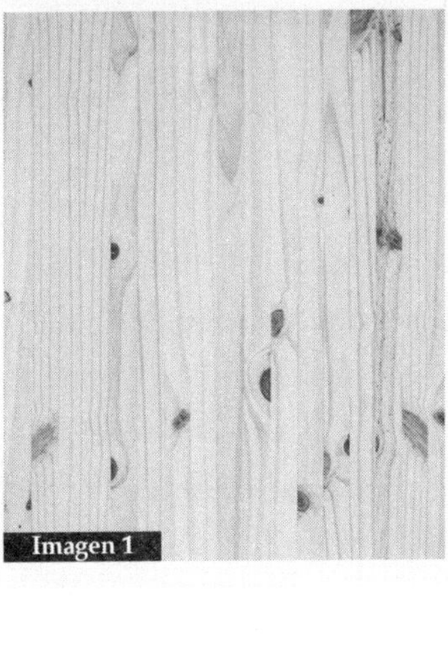
Imagen 1

Imagen 2

Pedro era, entre otras cosas, impulsivo y miedoso. Esas eran dos de sus peculiaridades. Observa el siguiente relato:

> *Entonces Pedro, tomándolo aparte, comenzó a reconvenirle, diciendo: Señor, ten compasión de ti; en ninguna manera esto te acontezca. Pero él, volviéndose, dijo a Pedro: ¡Quítate de delante de mí, Satanás!; me eres tropiezo, porque no pones la mira en las cosas de Dios, sino en las de los hombres.*
> Mateo 16:22-23

Cuando Jesús dijo que iría a la cruz a morir, Pedro, impulsivamente, exclamó: *Señor, ten compasión de ti; en ninguna manera esto te acontezca.* Pero, volviéndose, Jesús le respondió: *¡Quítate de delante de mí, Satanás!; me eres tropiezo, porque no pones la mira en las cosas de Dios, sino en las de los hombres.* Así trabaja Dios la peculiaridad. Sin embargo, cuando Pedro recibió el bautismo del Espíritu Santo, Dios siguió trabajando en él, pues su peculiaridad (impulsividad y miedo) no había sido aún destruida y lo acompañó durante muchos años.

EL SEÑOR VA A TRATARNOS HASTA HACERNOS COMO CRISTO.

Un día, el apóstol fue a visitar la iglesia de Galacia, donde se congregaban judíos y gentiles. Allí ya estaba establecido que no había que circuncidarse ni guardar las fiestas judías. Los gálatas sabían que habían muerto a la ley y que ahora, por fe, disfrutaban a Cristo. Pedro estaba feliz y comía con los gentiles y con los judíos, pero llegó un grupo de fundamentalistas religiosos que creían que el gentil también tenía que circuncidarse, guardar las fiestas y comportarse de cierta manera. Y al ver lo que Pedro hacía, se acercaron a él y le dijeron: "Pedro, está muy mal lo que estás haciendo, porque esos gentiles no se circuncidan, no guardan el *sabbat*, no guardan la Ley... ¡¿cómo vas a estar con ellos?!".

Y Pedro, como era impulsivo y miedoso, tuvo miedo de esos hombres y dejó de reunirse con los gentiles. Entonces, cuando lo invitaban a comer, él respondía: "No puedo", y solo se juntaba con los judíos. Pero Pablo, que estaba lleno del Señor, en una reunión, delante de todos, le dijo: "Pedro, nosotros somos salvos por la fe, no por las obras, no por la circuncisión. Somos salvos porque Cristo vive en nosotros. Y si estás negociando esto, vamos a terminar siendo una secta judía más". ¡La gracia estaba peligrando! Pablo lo confrontó de esta manera:

> *Pero cuando Pedro vino a Antioquía, le resistí cara a cara, porque era de condenar. Pues antes que viniesen algunos de parte de Jacobo, comía con los gentiles; pero después que vinieron, se retraía y se apartaba, porque tenía miedo de los de la circuncisión. Y en su simulación participaban también los otros judíos, de tal manera que aun Bernabé fue también arrastrado por la hipocresía de ellos.* Gálatas 2:11-13

Lo que Pablo le dijo fue: "¿Por qué no te estás juntando con los gentiles, Pedro? Otra vez eres impulsivo y miedoso. ¿De qué tienes miedo? Somos salvos por fe, por Cristo, no por obras o conductas. ¡Cristo hizo todo!". Con estas palabras, la peculiaridad de Pedro fue iluminada. Lo cierto es que nunca más Pedro fue impulsivo o miedoso. Tiempo después, en su segunda carta, Pedro escribió:

Y tened entendido que la paciencia de nuestro Señor es para salvación; como también nuestro amado hermano Pablo, según la sabiduría que le ha sido dada, os ha escrito, casi en todas sus epístolas, hablando en ellas de estas cosas; entre las cuales hay algunas difíciles de entender, las cuales los indoctos e inconstantes tuercen, como también las otras Escrituras, para su propia perdición. 2 Pedro 3:15-16

Pedro había conocido a Jesús, había estado con Él, sin embargo, no presumió de ello, no le guardó rencor a Pablo y se refirió a él como "nuestro amado hermano". Había sido transformado y su peculiaridad había muerto. Este pasaje deja en evidencia que ahora era un hombre transformado, porque lo que estaba diciendo era: "Gracias, Pablo. Gracias, Señor. Me pegaste donde más dolía para que muriera a mis miedos y Cristo viviera en mí". Pedro estaba hablando como un hombre sabio, no como una persona miedosa o impulsiva.

Ahora bien, no pienses cuáles son tus rasgos peculiares, en su lugar, ora: "Señor, ilumina mi peculiaridad". Permite que Dios lo haga, porque el que empezó la obra, la va a terminar.

SOMOS LA LUZ DEL MUNDO

Pablo afirma que todos nosotros, sin excepción, somos como espejos que reflejan la gloria del Señor. Cristo se pone delante de nosotros para que capturemos y reflejemos su imagen. Este proceso de transformación ocurre sin esfuerzo, lucha o sufrimiento de nuestra parte, ya que es el Espíritu del Señor el que realiza esta transformación de gloria en gloria en nosotros.

> *Por tanto, nosotros todos, mirando a cara descubierta como en un espejo la gloria del Señor, somos transformados de gloria en gloria en la misma imagen, como por el Espíritu del Señor.* 2 Corintios 3:18

"SEÑOR, ME ABRO A TI, QUIERO TU LUZ".

De acuerdo con el pasaje, somos como espejos, pero es crucial que veamos a Cristo porque solo así somos renovados. Y el espejo tiene que estar "a cara descubierta", es decir, sin ningún velo, sin nada nuestro, sin peculiaridades, sin opiniones, sin nuestra forma de ser. Porque los velos impiden que reflejemos la imagen de Cristo, aunque Él esté delante de nosotros. Es por eso que Pablo dice: "Si el espejo es tu cara, tiene que estar descubierta".

Cuando los velos se quitan, Cristo se refleja. Ahora mismo puedes decirle: "Señor, me abro a ti, quiero tu luz". Al orar de ese modo, estás abriéndote al Señor, y Él te quitará el velo, le dará muerte y añadirá algo de Cristo. La renovación requiere que te abras a Él, porque, si estás cerrado, aunque escuches una enseñanza y te corrijan, aunque intentes mejorar, no serás renovado. La discusión tampoco cambia a la gente, lo único que lo hace es la luz de Dios. Es por ello que no necesitamos entender, ni tener paz, ni buscar nuestra peculiaridad ni las soluciones, porque solo cuando hablas con el Señor cara a cara, a cara descubierta, Él entra, mata y añade lo de Él. Y ahora ese Cristo que creció saldrá como una virtud, como Cristo-paz, Cristo-amor, Cristo-inteligencia, Cristo-fuerza o Cristo-autoridad. Entonces las personas tocarán algo que no podrán describir, porque una cosa es que salga tu paz, que es emocional, y otra muy diferente es que se manifieste Cristo-paz, que es una persona. Eso te hace una persona misteriosa.

Los hijos de Dios somos gente misteriosa, "rara", porque, cuando se nos acercan, las personas tocan algo que no pueden ver, ni entender y mucho menos describir. Ese "algo" está más allá de lo humano, porque es la vida de Cristo expresándose, de manera inexplicable, viviente y trascendente. Al hacerlo, el Señor saldrá de nosotros como luz, porque ahora somos lámparas celestiales. Donde vayamos, las tinieblas serán vencidas.

Observemos en profundidad esta imagen:

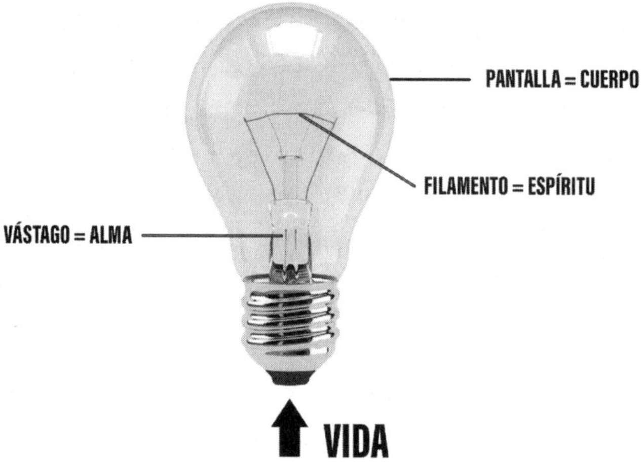

La imagen muestra una lámpara. El vástago simboliza nuestra alma, la pantalla es el cuerpo y el filamento es el espíritu. Cuando la vida de Cristo viene a nuestro espíritu, Cristo empieza a crecer y toca el cuerpo y el alma, generando luz.

Ahora somos la luz del mundo. Somos personas misteriosas. Cuando las personas vienen a las reuniones por primera vez, miran todo sin entender. Compartimos testimonios, cantamos, soltamos cargas.

"Ya no vivo yo, ahora Cristo vive en mí", decimos, y los nuevos miran, hipnotizados. ¡Qué hermoso misterio es la vida de Cristo!

Watchman Nee cuenta que, después de reunirse con Miss Barber, la mujer que lo formó, él iba al Altar. "Ella no me hablaba de la cruz, pero su luz era tan hermosa, tan fuerte, que yo iba y buscaba morir". ¡Existen personas que son luz! ¡Qué maravilloso!

En 2 Reyes 4 leemos que, cada vez que Eliseo pasaba por Sunem, una mujer importante siempre lo invitaba a comer. Un día, ella le dijo a su marido: "Eliseo es un hombre de Dios, hagámosle una habitación para que se quede allí cuando venga a la ciudad". ¿Cómo sabía la mujer que Eliseo era un hombre de Dios, si no había hecho ningún milagro, si no les había dado ninguna palabra profética? Mientras comía con ellos, el matrimonio había percibido algo misterioso en el profeta. Ese era Cristo iluminando y matando, brillando a través de Eliseo.

David enfrentó a Goliat (ese fue Cristo-valor expresándose), pero perdonó a Saúl (Cristo-sabiduría que se manifestó). El mismo hombre que tuvo valor para matar al gigante podría haber matado a Saúl, pero no lo hizo. ¿Por qué? Porque cuando perdemos nuestra forma, somos moldeados a la forma de Cristo, y Él no tiene forma. El Señor rompe tu peculiaridad y, si no hablabas, te dice que hables; si hablabas, te ordena que te calles;

si eras valiente, te hace detenerte; si no eras valiente, te lleva a enfrentar al enemigo. Cristo empieza a ganar territorio y su vida se manifiesta en nosotros, porque hemos sido transformados a la imagen del Señor.

¿Sabes cómo resucitó Cristo? Él se levantó, se sacó la túnica que tenía puesta, la dobló, se vistió de la nueva túnica y salió. El Señor se tomó su tiempo. Cuando Cristo crezca en tu vida, en tu tumba, en tu crisis, en tu enfermedad, estarás tranquilo y declararás: "Cristo ha resucitado en mi vida. Voy a salir en victoria".

ÉL VOLVERÁ POR TI

De acuerdo con la narración de 1 Reyes 17, Elías fue a la casa de la viuda y le dijo: "Haz una pequeña torta cocida para mí". La mujer le hizo la torta y el profeta expresó: "Así dice el Señor: No escaseará el aceite ni la harina. En esta casa habrá abundancia". Pero tiempo después, Elías abandonó su portal, perdió su comunión diaria con el Señor y dejó que el barro creciera. Esta es la razón por la que le pidió a Dios con desesperación que le quitara la vida cuando se enteró de que Jezabel lo buscaba para matarlo. Elías estaba depresivo, quería morirse; pero un día, mientras dormía bajo un enebro, un ángel llegó y lo despertó. "Levántate y come", le indicó, y le dio una torta cocida. Aquella torta era la misma torta que le había preparado la viuda, porque el Señor que te cuidó una vez, no te dejará tirado en el camino. "Elías, ¿te acuerdas cómo te di provisión en el peor momento, en medio de la sequía? No te voy a dejar tirado. Come, porque largo camino te resta", le aseguró el Señor al profeta.

Él volverá por ti, aunque seas barro o arcilla. ¡El que empezó la obra va a volver a terminarla!

Cuando Elías comió de la torta, fue renovado y caminó cuarenta días hasta llegar al monte de Dios.

EL SEÑOR EMPEZÓ LA OBRA Y ÉL LA VA A COMPLETAR, SOLO TENEMOS QUE DECIRLE: "SEÑOR, ESTOY ABIERTO A TI.

Si estás como Elías, yaciendo debajo del árbol porque perdiste intimidad, frescura, vida, el Señor te anuncia: "Te preparé a Cristo para que comas y vuelvas a levantarte". Cuando el hijo pródigo regresó, el padre, que siempre estaba mirando el camino que el muchacho solía hacer, lo vio venir a lo lejos. El hijo pródigo volvió por el mismo camino que siempre tomaba y, del mismo modo nosotros volveremos por el camino de la intimidad que una vez tuvimos a la casa del Padre, porque allí hay alimento y largo camino nos queda por recorrer. El Señor empezó la obra y Él la va a completar, solo tenemos que decirle: "Señor, estoy abierto a ti. Te anhelo, te deseo. Ilumíname, muéstrame mis peculiaridades y quémalas. Alumbra cada rincón de mi alma y envía tu fuego. ¡Quema, Padre, todo lo mío para que Cristo aumente en mi vida!".

CAPÍTULO 10

FIN DE LA PECULIARIDAD

UN PROCESO AUTOMÁTICO

Como hemos aprendido en el capítulo anterior, la luz ilumina el alma y nos muestra cómo somos desde la perspectiva de Dios, revelándonos el barro: cosas de nosotros mismos, de nuestra alma, que quizá no sabíamos. La luz nos muestra cómo Dios nos ve.

Analicemos los siguientes pasajes del libro de Isaías:

Isaías 6:1: *En el año que murió el rey Uzías vi yo al Señor sentado sobre un trono alto y sublime, y sus faldas llenaban el templo.*

Isaías 6:5: *Entonces dije: ¡Ay de mí! que soy muerto; porque siendo hombre inmundo de labios, y habitando en medio de pueblo que tiene labios inmundos, han visto mis ojos al Rey, Jehová de los ejércitos.*

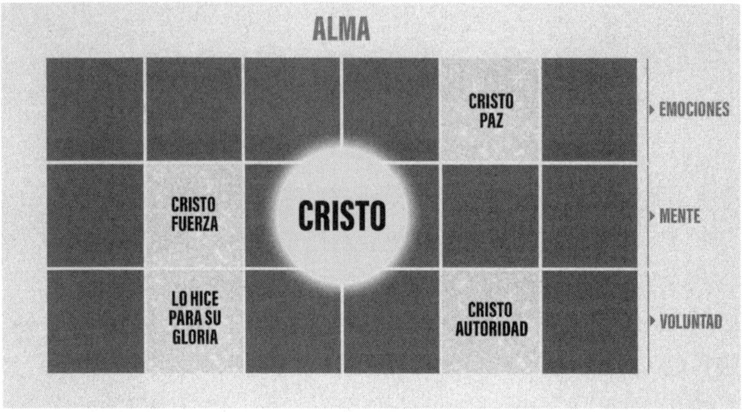

Cuando ves la luz, mueres. Si dices: "Dios me mostró muchas cosas de mí que tengo que cambiar", eso no es luz, sino una rumia mental. La luz puede venir, de hecho, en cualquier momento porque la luz es Cristo y su tarea es mostrarnos lo que no vemos y darle fin para siempre. La luz es la lupa de Dios que nos alumbra.

Ahora bien, ¿qué hace la luz después de dar fin al barro? Añade oro. Es decir, añade algo de Cristo. Y nos alumbra nuestras peculiaridades para quemarlas.

¿Alguna vez remontaste una cometa o barrilete? El hilo es su peculiaridad: tu espíritu está atado por tu alma; este quiere soltarse y volar, pero el límite es el hilo: el alma. Por eso necesitamos romper el hilo de la peculiaridad para que nuestro espíritu se libere y salga a volar en los vientos del Señor. Él quiere lijar y eliminar las peculiaridades en nuestras vidas, tal como se hace con la madera de pino que tiene nudos en la fibra.

Leamos este salmo:

Como el ciervo brama por las corrientes de las aguas, así clama por ti, oh Dios, el alma mía. Mi alma tiene sed de Dios, del Dios vivo; ¿cuándo vendré, y me presentaré delante de Dios?. Salmos 42:1-2

¿Sabes quiénes escribieron este salmo? Los hijos de Coré, quienes junto a otras doscientas cincuenta personas se habían rebelado contra Moisés. "Moisés, ¿crees que a ti solo te habla Dios? ¡A nosotros también nos habla!". La Escritura relata que la tierra se abrió y se tragó a Coré junto con doscientos cincuenta hombres. Pasaron setecientos años y los descendientes de Coré aún mantenían el nudo que habían heredado de su tatarabuelo; pero, finalmente, comenzaron a romperlo. ¿Y sabes qué hizo Dios? Levantó a algunos de los descendientes de Coré para servir en la adoración, convirtiéndolos en los adoradores del equipo de David. Entre ellos, había un descendiente llamado Hemán, quien dirigía el coro y era nieto del profeta Samuel.

¡Samuel también era descendiente de Coré!

¿Qué significa esto? Todos debemos aprender de ellos y dejar que Dios obre en nuestras vidas. No importan los nudos ni las peculiaridades que hayamos heredado, podemos pedirle a Dios que nos ilumine y elimine aquello que no es de Él, para que así pueda poner a Cristo en nuestras vidas. Recuerda que estos tres procesos Dios los realiza automáticamente. ¡Gloria al Señor!

Durante años, solía pensar que el proceso de renovación en mi vida tomaría mucho tiempo, que tendría que esperar años para que Dios eliminara lo que me había mostrado. Sin embargo, eso se terminó, porque Dios nos ha dado más luz. Él nos iluminará y nos derribará, para luego levantarnos, como lo hizo con el apóstol Pablo. La luz de Dios puede cegarte momentáneamente, pero es para matarte y después levantarte en victoria y que seas un vaso escogido para las cosas del Señor.

LAS LIMITACIONES DE LA MENTE

Te invito ahora a ir más profundo. Las peculiaridades deben ser derribadas, aniquiladas, pero ¿cómo las destruye el Señor? Veamos qué dice La Escritura:

> *Porque las armas de nuestra milicia no son carnales, sino poderosas en Dios para la destrucción de fortalezas, derribando argumentos y toda altivez que se levanta contra el conocimiento de Dios, y llevando cautivo todo pensamiento a la obediencia a Cristo.* 2 Corintios 10:4-5

Observa que el pasaje habla de "destruir fortalezas", "derribar argumentos" y "llevar cautivo todo pensamiento a la obediencia a Cristo". Para explicar en detalle este texto, te pido que observes el siguiente gráfico:

¿Qué es una fortaleza? Una fortaleza es una limitación en nuestra mente. Hay castillos en nuestra mente en los que estamos encerrados. A eso Dios lo llama "fortaleza". La peculiaridad es una fortaleza. Cada vez que decimos: "Yo soy así", "Yo hago las cosas así", "Yo aprendí así", estamos frente a una peculiaridad: una fortaleza que alberga muchos pensamientos escondidos. La tortuga, por ejemplo, podría pensar: "Yo soy lenta, y como soy lenta, miro despacio, me alimento despacio y tardo en llegar". Pero ¿por qué la tortuga tiene todos esos pensamientos? Porque su fortaleza es ser lenta. Todos tenemos fortalezas, pero los que tenemos años en el Señor, las tenemos bien escondidas, por lo que, muchas veces, no nos damos cuenta de que las tenemos.

Y pensamos que con ayuno, con guerra espiritual o con oración las vamos a derribar, pero Pablo dice que cuando esas fortalezas caen, todos los pensamientos van cautivos a Cristo, van a la muerte. Entonces, la tarea del Señor es derribar las fortalezas, porque cuando estas caen muchos de nuestros pensamientos mueren.

¿Cómo se compone la fortaleza? Pablo también lo dice en 2 Corintios 10:4-5. Observa la imagen:

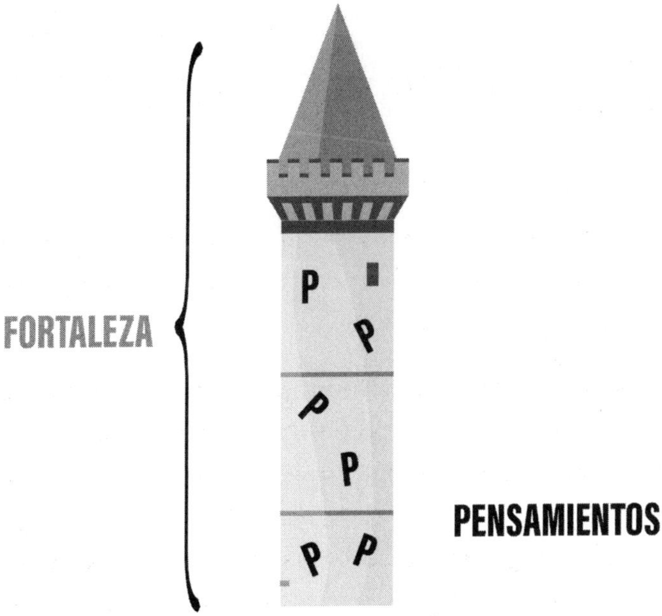

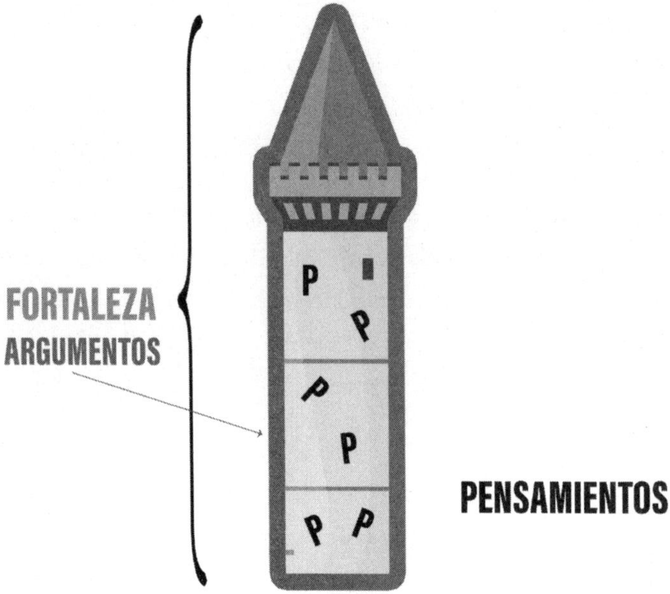

Los argumentos son fortalezas. Y si Dios derriba los argumentos, la fortaleza se cae; y cuando la fortaleza cae, somos libres, porque donde está el Espíritu de Dios hay libertad. Los ladrillos de la fortaleza son los argumentos, por eso Dios tiene que derribarlos.

LA TAREA DEL SEÑOR ES DERRIBAR LAS FORTALEZAS, PORQUE CUANDO ESTAS CAEN MUCHOS DE NUESTROS PENSAMIENTOS MUEREN.

La palabra "argumento" significa "lógico". Dios tiene que derribar tu lógica. ¡Al Señor no le interesa tu lógica! Moisés se casó con una extranjera, una mujer cusita, y a su hermana, María, esta situación le disgustó bastante.

¿Tenía razón María? Sí; sin embargo, Dios la dejó leprosa. Los seguidores de Coré, por su parte, insistían en que Dios les hablaba a ellos también. ¿Tenían razón? Claro que sí; pero la tierra se los tragó. ¿Por qué? Porque a Dios no le interesan nuestros argumentos.

Filipenses 2:14 dice: "*Haced todo sin murmuraciones y contiendas [argumentos].*

Todas las explicaciones que damos son argumentos. Cada vez que nuestra naturaleza humana habla, expresa cosas lógicas, con sentido común, pero Dios dice: "Eso también lo voy a derribar, porque es tuyo, y tus pensamientos no son mis pensamientos, los míos son más altos; y tu lógica no es mi lógica, porque yo no tengo lógica, ya que soy todo en todos". Dios puede enviarte a pescar un pez y que de su boca saques la moneda que necesitas para pagar un impuesto. Él puede tomar cinco panes y darles de comer a quince mil personas. Para nosotros dos más dos es igual a cuatro, pero para Él puede ser cinco, veinte, quinientos mil, dos o cero. ¡Dios te llevará a la dimensión de lo sobrenatural, porque va a derribar tus peculiaridades!

Necesitamos abrirnos a la luz del Señor, esa es la clave. Mostrarle al Señor que estamos dispuestos y decirle: "Señor, estoy abierto a ti, muéstrame lo mío, dame tu luz". Así, a lo largo del día, creamos una apertura, un espacio abierto para que la luz divina entre. La luz ya está presente, pero Dios busca nuestro deseo de verlo a Él, de contemplar su majestad, de que su luz nos ilumine.

LA LETRA MATA

En 2 Corintios 3:6 se declara: *El cual asimismo nos hizo ministros competentes de un nuevo pacto, no de la letra, sino del espíritu; porque la letra mata, mas el espíritu vivifica.*

De acuerdo con lo que afirma el apóstol, la letra mata, pero el espíritu da vida, vivifica. ¿Qué es la letra? Todo lo que hacemos sin tocar a Cristo. Leer La Biblia y no tener intimidad con Él es letra. Pero si le dices: "Señor, yo leo la Palabra, pero quiero decirte que te amo, que quiero verte, que te disfruto, que estoy abierto a lo que quieras hacer en mi vida", ahí hay vida. Si estás sirviendo, pero no tocas la presencia del Señor, el servicio te mata, te deja vacío; si vas a trabajar, pero no contactas con Él, no tienes intimidad durante el trabajo, tu trabajo te mata. Todo lo que hagas sin tocar a Cristo te mata, te seca, te aparta. Pero cuando lo tocas a Él en intimidad, de corazón, entonces ahí hay vida.

Donde está la vida de Dios, siempre habrá luz, siempre habrá muerte y siempre habrá añadidura de Cristo. La luz no falla, los que fallamos somos nosotros. Si cada uno de nosotros no toca a Cristo, si no disfrutamos de su presencia en cada aspecto de nuestra vida, tendremos oraciones, equipos, liderazgos y prédicas sin vida. La letra puede matar, pero Cristo es vida. Por eso, siempre debemos tocar a Cristo en nuestro trabajo, con nuestros amigos, al mirar una película, en todo momento y actividad que estemos llevando a cabo.

LA LUZ SERÁ TU GUÍA

"Si tu ojo es bueno, siempre estará lleno de Dios", dijo Jesús. El ojo es el órgano que nos permite ver, pero también simboliza nuestra atención. Si tu ojo ve a Cristo, siempre estarás lleno de Dios.

Mateo 6:22: *La lámpara del cuerpo es el ojo; así que, si tu ojo es bueno, todo tu cuerpo estará lleno de luz.*

Las veces que no hemos crecido y tampoco transformados espiritualmente se debe a que nuestros ojos estaban puestos en el celular, en la gente, en las noticias, en nuestro problemas o en las circunstancias, en lugar de estar puestos en Él. Es por ello que todos los días necesitamos pasar tiempo en nuestro portal, ese lugar donde estamos a solas con el Señor. Allí apagas el celular, la televisión, te apartas de tus hijos y tienes un devocional, lees la Palabra, le cantas al Señor, le expresas: "Padre, acá estoy, te amo, te disfruto", y permites que Él te guie, que Él haga todo. De esta forma, la luz va a llenar tu cuerpo y, donde hay luz, las peculiaridades y los argumentos se mueren.

Cuando estamos en intimidad con Dios, no debemos apurarnos, sino esperar en Él y confiar en su dirección. Observa que Dios le pidió a Abraham que ofreciera a su hijo Isaac como sacrificio, pero no le dio toda la información de inmediato, lo hizo esperar. Recién cuando llegó al lugar le indicó: "Llegó el momento, aquí vas a llevar a cabo el sacrificio". Pero veamos el caso del profeta Samuel. Dios lo mandó a ungir al próximo rey de Israel, y él fue a casa de Isaí. Cuando llegó, rápidamente empezó a llamar uno a uno a los hermanos, equivocándose cada vez, porque ninguno de ellos era el elegido. Samuel tuvo que esperar y escuchar la dirección de Dios hasta que finalmente encontró al rey elegido: David. La peculiaridad del profeta era ser rápido, por eso se apresuró y no esperó la indicación del Señor.

CUANDO ESTAMOS EN INTIMIDAD CON DIOS, NO DEBEMOS APURARNOS, SINO ESPERAR EN ÉL

De la misma manera que sucedió en diferentes oportunidades con los hombres de Dios, todos nuestros argumentos caerán y las riquezas del Señor se añadirán y saldrán de nosotros como vida. Porque somos como una lámpara de kerosén. Cuando se la enciende, la mecha baja y empieza a salir humo. Así es nuestro amor: el amor humano alumbra hasta que el humo sale. Nuestra bondad, por ejemplo, llega hasta un límite, ilumina un poco, hasta que empieza a salir humo. Y así también es nuestra lógica. Pero nosotros no necesitamos ser algo, solo que la mente de Cristo sea la que nos guíe.

Jesús les dijo a los discípulos: "Los mando como ovejas en medio de lobos. Vayan a las casas y donde haya un hijo de paz, digan paz. Si lo reciben, habrá señales, prodigios, milagros y maravillas; y si no, sigan a otra casa". El Señor los envió como ovejas en medio de lobos, pero les dijo que encontrarían hijos de paz. Si iban a estar entre lobos, ¿no se supone que encontrarían lobos? ¿Por qué les habló de hijos de paz? Porque escondidos dentro de los lobos hay hijos de paz, gente que está lista para recibir a Cristo. Estas personas ya han sido tratadas por el Señor, están abiertas y predestinadas para recibir la luz. Nuestra tarea es buscar a estos hijos de paz, no a los lobos. Nuestro ejercicio es vaciarnos en alguien, enseñarle cómo orar y cómo dar la orden, para que Cristo lo llene y también se manifieste en su vida.

Cuando los discípulos regresaron, le dijeron a Jesús: "Señor, sanamos enfermos, echamos demonios". Y Él le respondió: "Satanás cayó como un rayo cuando ustedes mataron sus argumentos e hicieron lo que les dije". Ni uno de los setenta le dijo: "Señor, ¿cómo que va a haber lobos? ¿Y qué hacemos si hay un lobo? Yo me uno la próxima vez, estoy con mucho trabajo". Todos obedecieron, se pusieron bajo la autoridad de Cristo, no bajo los argumentos. Y es debido a los mismos argumentos que la gente se resiste al cambio, porque con estos solo activamos el alma.

Cuando salgamos a la calle, iremos donde están los lobos, pero estos no nos distraerán. Iremos donde están los hijos de paz y les anunciaremos: "Dios me envió a darte este testimonio, a invitarte al equipo, a traerte de vuelta al cuerpo". Si hay enfermos, los sanaremos; si hay muertos, los resucitaremos; si hay demonios, los echaremos fuera.

¡Y el Señor nos respaldará en todo!

La luz te mostrará tus peculiaridades, tus argumentos. Pero no te apresures, permite que Dios los queme. Solamente dile: "Señor, lo pongo en el fuego. Dale fin. No quiero ser lógico, quiero tocar la vida de Cristo, porque tu mente es maravillosa y tus pensamientos más altos que la lógica humana". Y recuerda: "a más Altar, más luz; y a más luz, más presencia del Señor".

ACERCA DEL AUTOR

Bernardo Stamateas es pastor hace treinta y cinco años en el Ministerio Presencia de Dios, una iglesia que reúne a más de setenta y seis países a lo largo de todo el mundo. Es un destacado escritor y conferencista a nivel nacional e internacional. Ha escrito más de cien libros, varios de los cuales se convirtieron rápidamente en éxitos de ventas, y aun hoy lo siguen siendo. Sus obras han sido traducidas a más de veintidós idiomas y son leídas por todos los sectores de la sociedad. Ha recorrido todo el territorio argentino brindando asesoramiento y capacitación, así como también cientos de charlas abiertas al público en general en las ciudades más importantes. Su nombre es referencia obligada a la hora de hablar de liderazgo y superación personal. Es Licenciado en Teología, título otorgado por el Seminario Internacional Teológico Bautista; Sexólogo clínico, formado en el Hospital de Clínicas; Doctor en Psicología, título expedido por la USAL; y candidato próximo al doctorado en Filosofía. Asimismo, se desempeña como terapeuta familiar y de pareja. Está casado con Alejandra y tienen dos hijas: Dámaris y Stefanía.